本书获南京大学"双一流"建设
文科中长期研究专项资助

西北政法大学新闻传播学国家级（省级）
一流专业建设经费资助出版

海外学术出版史译丛｜主编 杨金荣 王立平

博睿出版史

〔荷〕赛兹·范德维恩 著

王立平 谌磊 译

南京大学出版社

图书在版编目(CIP)数据

博睿出版史/(荷)赛兹·范德维恩著;王立平,谌磊译.—南京:南京大学出版社,2023.3
(海外学术出版史译丛/杨金荣,王立平主编)
书名原文：Brill: 325 Years of Scholarly Publishing
ISBN 978-7-305-25163-4

Ⅰ.①博⋯ Ⅱ.①赛⋯②王⋯③谌⋯ Ⅲ.①出版社—史料—荷兰 Ⅳ.①G239.563.9

中国版本图书馆 CIP 数据核字(2021)第 245917 号

Original English version of *Brill: 325 Years of Scholarly Publishing* by Sytze van Veen © 2008 by Koninklijke Brill NV, Leiden, The Netherlands. Koninklijke Brill NV incorporates the imprints Brill | Nijhoff, Hotei, Sense and Global Oriental. The Chinese version of *Brill: 325 Years of Scholarly Publishing* is published with the arrangement of Brill.

英文原版：博睿学术出版社（BRILL）
地址：荷兰莱顿
网址：http://www.brillchina.cn

Simplified Chinese Edition Copyright © 2023 by NJUP
All rights reserved.

江苏省版权局著作权合同登记　图字：10-2019-647 号

出版发行	南京大学出版社	
社　　址	南京市汉口路 22 号	邮　编 210093
出 版 人	金鑫荣	

丛 书 名　海外学术出版史译丛
丛书主编　杨金荣　王立平
书　　名　博睿出版史
著　　者　[荷]赛兹·范德维恩
译　　者　王立平　谌磊
责任编辑　邵　逸

照　　排　南京紫藤制版印务中心
印　　刷　徐州绪权印刷有限公司
开　　本　635×965　1/16　印张 13.75　字数 180 千
版　　次　2023 年 3 月第 1 版　2023 年 3 月第 1 次印刷
ISBN 978-7-305-25163-4
定　　价　96.00 元

网　　址：http://www.njupco.com
官方微博：http://weibo.com/njupco
官方微信：njupress
销售咨询热线：(025)83594756

* 版权所有，侵权必究
* 凡购买南大版图书，如有印装质量问题，请与所购图书销售部门联系调换

总　序

一百余年前，踌躇满志、意气风发、学成归国的新青年，高吟荷马诗句："如今我们已回来，你们请看分晓吧。"(You shall see the difference now that we are back again.)他们借诗言志，抒发他们建设国家、舍我其谁的豪情，其志其情，至今令人难忘。新文化运动健将北京大学教授胡适就是其中的代表。他1917年学成回国，从上海登岸，在申城待了十余天，特别花了一整天时间调查了上海的出版界，发现简直没有几本书可以看的，无论是研究高等学问的书，还是旅途消遣的书。中文书出版状况如此，英文书出版更是如此。

一百多年前，站在学术文化思潮前沿的新文化运动领军人物何以如此关注当时的中国出版呢？

新文化运动催生了一批竞相绽放的出版物，其最重要的意义是为中国革命和中国社会的转型与进步做了重要的思想铺垫，陈独秀创办的《新青年》为中国共产党的成立做了思想的动员，由此改变了中国历史的进程。出版与新文化运动相伴而生，出版之于思想解放与文化学术建设的意义不言而喻。

新文化运动健将们倡导白话文，引进新式标点，推动分段标点本的白话小说出版，这些都对中国出版的现代化产生了积极的影响。他们也是当时中国出版的学术智囊与思想智库。他们不遗余力地为学术出版发展贡献自己的识见，从设备、待遇、政策、组织四层面，提出改进意见；又借力于中华文化教育基金会编译委员会，支持翻译出版世界学术名著，倡言出版人必须有"笔力"，懂"时事"，具"远识"，探索中国出版由传统向现代的转型。

中国是文明古国，是出版的故乡。肇始于中国的造纸术、印刷术，为人类文明之火播薪助燃，也造就中国千年不绝刻书业的繁荣，这是中国文化维系不坠的内生力量。和中国文明一样，中国的出版文化也曾经独步世界，引领风骚。欧洲人文主义的再生与理性主义的复苏，与伴随产业革命的技术进步相叠加，渐渐改写了世界出版业的格局，曾经领跑世界的中国出版优势不再，这既是晚近中华帝国科技文化落后的折射，也是传统出版业缺乏现代性的表征。因此，一百年前，在传统中国转向现代中国的进程中，无论是业界的商务印书馆编译所所长高梦旦，还是学界的北京大学教授胡适之，他们都意识到中国出版需要"再造文明"。但整个20世纪的前半叶，战乱频仍，社会缺少出版文化枝繁叶茂的土壤。中华人民共和国成立后，出版进入新的时代。特别是改革开放以来，学术研究回归常态，出版迎来了前所未有的荣景，科技、教育、文化的振兴，统一的文化市场，巨大的文化消费潜力，合力助推中国成为名副其实的出版大国，但距离成为出版强国，依然还有一段旅程要走。

新千年以来，建设文化强国上升为国家战略，写进了中央政府工作报告。以世界出版之"强"观照中国出版之"大"，助力以出版建设文化强国是其时矣。本着循果以推因的"历史的方法"，我们组织了"海外学术出版史译丛"，希冀作为比照的"样本"，为中国出版做大做强，走向世界，提供有益参照。

海外学术出版史的书写形态，不外乎呈现"海外学术出版学科的历史"，"关注海外出版人物的历史"和"研究海外学术出版机构的历史"。由于出版学还不是一级学科，对于海外出版学科的体系性、学科的历史和阶段性特点，研究还很不充分，选择"海外出版学科的历史"，不免勉为其难；海外学术出版人物的历史，专注于出版人个体，虽可深入出版人内心的世界，有具体的历史情景，但放眼域外学术出版的大历史，又不免见木不见林；海外学术出版机构史，是人格化的学术出版人史，可以考察个性化的学术出版思想文化的源流与演变，为明海外学术出版之变，提供了自成体系的样本，颇具可借鉴性，可以批判地吸收。有鉴于此，我们选择一批历史悠久的海外学术出版机构，以了解海外出版人的出版理想、经营哲学、规制文化、品牌策略、国际化路径等等，为学术出版的比较研究提供史料，为学术出版实践探索提供镜鉴。例如，学术图书出版同行匿名评审制度，一直是可以攻玉的他山之石。尽管中国学术图书出版同行匿名评审也曾有迹可循，现代学术史上人尽皆知的陈寅恪为冯友兰《中国哲学史》纳入清华丛书出版提交的审查报告，堪称显例，但这一传统没有很好地赓续承继，现今，学术出版借助学位论文机器查重者有之，有关学术出版物的贡献、创新、竞争性诸要素的第三方匿名意见多付之阙如，这不能不说是中国学术出版规范建设亟须完善之处。"海外学术出版史译丛"在这方面或可提供具体而微的参照。

走向世界的中国学术出版，正越来越多地受到海外学术出版界的关注。中国出版在世界出版的视野中正越来越具有显示度。把中国学术、中国故事、中国价值、中国话语体系更多地通过出版走向海外，这是自今以后中国出版人的责任，而如何避免方法上、路径上少走弯路，就不能不关注海外学术出版的现在，了解海外学术出版的过去，从而汲取一切有益于强基中国学术文化出版事业的养料，为我所用。"三人行，必有我师焉。"放眼世界出版，无论是像施普林格、博睿这样的国际学术出版集团，还是像耶鲁、剑桥这样的大学出版体，其学术出版史不仅属于他们自身，也是世界学术出版史的一部分，如果能对中国学术出版同行有所启迪，组织翻译出版本译丛的初衷也就达到了。

中国正由出版大国向出版强国迈进，待到中国真正成为学术出版强国之日，中国学术、中国话语游刃有余地在不同区域、不同国家向不同群体受众，以不同出版方式传播时，中国出版人也可以像一百余年前新文化运动的先辈一样，大声说一句：我们来了，且看分晓吧！

是为序。

杨金荣
2021年12月于南京大学出版研究院

目　录

导言 / 001

1683—1848 年：旧时代，卢奇曼斯和博睿 / 003

1848—1896 年：E.J.博睿公司 / 040

1896—1945 年：图书销售和印刷有限公司，原 E.J.博睿公司 / 069

1945—2008 年：扩张中的博睿出版社 / 103

博睿：现在和未来 / 157

附录：1683—2008 年卢奇曼斯公司和博睿公司历任经理 / 177

附录：1896 年公共有限责任公司成立以来历任监事 / 178

注释 / 180

参考文献 / 194

说明文字和注释中使用的缩写 / 200

撰稿人简介 / 201

译后记 / 203

导　言

即将迎来的创立 325 周年是一个值得庆祝的时刻。"皇家博睿"(Koninklijke Brill)是荷兰最古老的一家出版社。公司乐于向世人展示，它仍然生机勃勃，焕发着活力。

从 1983 年公司进入第三个百年历史时期以来，过去的 25 年一晃而过，其间公司动荡不安，但最终取得了成功。公司纪念庆典旨在再次将其置于历史背景之中。博睿出版社现在是"书城莱顿"这一宏大展览的主要赞助者，展览将于今年在德莱肯哈尔市立博物馆(Stedelijk Museum De Lakenhal)举办。而且，作为博睿成立 325 年庆典的一部分，博睿 1848—1991 年的档案已经被合并至卢奇曼斯档案中，后者此前已被捐献给"荷兰皇家书业协会"(Royal Society of the Dutch Book Trade)。至此，1683—1991 年间的公司完整档案全部被阿姆斯特丹大学图书馆特藏部悉心收藏。这不仅为研究我们公司的历史，也为研究我们国家的书业历史提供了宝贵的资料。我们期待今后将有一些令人感兴趣的著作问世。

您现在拥有的是一本公司非正式的历史，它就是基于这些档案撰写而成的。在此我们非常感谢赛兹·范德维恩(Sytze van der Veen)，他以热情而又专业的方式来讲述公司的历史。我们和他都将期待本书的续集。

过去几年里，许多人一直在整理档案资料，编辑博睿公司完整的图书出版目录，并研究那些原始档案资料。我们要特别感谢"图书贸易基金会图书馆"主席劳伦斯·范克雷维伦(Laurens van Krevelen),他给我们的工作提供了极大的支持。阿姆斯特丹大学图书馆特藏部,特别是加勒特·范霍文(Garrelt Verhoeven)和尼科·库尔(Nico Kool),总是主动给我们提出建议或提供帮助。米尔特·D.格罗斯坎普(Mirte D. Groskamp)为本书提供了许多资料;这里要特别指出的是她为梳理档案资料所付出的耐心。博睿公司方面,我们要特别提及格里·德弗里斯(Gerrie de Vries)。事实证明,莱顿大学书史专业的贝瑞·东格尔曼斯(Berry Dongelmans)对书稿提出了宝贵的修改意见。尼克·莱斯特拉(Nynke Leistra)完美地将书稿从荷兰文译为英文,迈克·莫齐纳(Mike Mozina)和博睿美国公司的员工热心校对英文译稿。

回首过去,若能为未来提供灵感,就很有价值。希望我们将在学术出版领域扮演更为重要的角色,同样希望我们能证明自己是博睿那些前辈们值得托付的接班人。

赫尔曼·帕布鲁威(Herman Pabbruwe)
首席执行官

1683—1848年：旧时代，卢奇曼斯和博睿

持续性和变化

截至2008年，博睿已发展成一家现代化出版社，但同时它也是325年以来历史发展的结果。在荷兰或世界其他地方，没有几家公司能夸耀有这么悠久的历史。公司的座右铭是"帕拉斯庇护下的安宁"。确实，智慧女神的庇护经受住了时间的考验，并保护博睿出版社直至今日。博睿引人注目的不仅有其"长寿"，还有其产品：一些最新出版物的前身甚至可追溯至17世纪晚期。公司持续经营300多年是最值得注意的，这绝不是理所当然的。公司延续这么长时间是出人意料的，因为时间的破坏力一有机会就会摧毁一切。

正如1683年公司的创建者不能想象2008年的未来一样，2008年的博睿也不能仅凭历史就认定公司未来会成功。确实，公司有令人敬仰的过去，但是，必须要从多变的现实中赢得公司的持续性。从历史的角度看，持续性更多是一种持续进展的变化过程，而非同一件事情的永恒再现。只有把现实与历史协调起来，不要在意那些一时的潮流，才能实现持续性的目标。

如前所述，公司的历史可追溯至1683年，但是，为了更好地理解公司的发展历程，我们需要从1848年开始来讲述这段历

大约1750年，塞缪尔·卢奇曼斯一世（Samuel Luchtmans I）委托艺术家尼古拉斯·雷耶斯（Nicolaas Reyers）创作了这幅寓意深刻、挂在壁炉台上的画。多年来，这幅画一直挂在卢奇曼斯家族在雷奔堡的家中，但它现在挂在博睿的办公室里。这幅画上有戴着有翼头盔、拿着先驱手杖的赫尔墨斯，他陪伴着手执盾和矛的帕拉斯·雅典娜。画的前下方，三个裸体小男孩正在把玩着一些印刷品，印刷品上有戴着假发的绅士，可能是莱顿的几个教授。

画的寓意显然是：在卢奇曼斯的家中，知识和商业已经融合在一起，并结出了丰硕的果实。依据传统，神话中的人物是以塞缪尔·卢奇曼斯、他的妻子科尼莉亚（Cornelia）及他们的小儿子们的长相为原型的。从年轻的希腊神和优雅的帕拉斯的形象中分别找到65岁的塞缪尔和他的妻子科尼莉亚的模样，确实需要有些想象力。这几个裸体的男孩其实那时已经20岁了。

多年来，这幅画就挂在博睿位于老茵莱河大街的排字房里。排字工们常常向画中小孩的光腚上扔字型，以此来取乐。要想复原这幅画，必须修补画上所有的破洞。今天博睿社标上对帕拉斯和赫尔墨斯风格化的呈现就来自这幅画。
Brill Coll.

史。这一年,革命的幽灵在欧洲飘荡,虽然在莱顿这座美丽的城市还不显眼。然而,这一年的 5 月 1 日,一份印刷通函出现,让幽灵发声:"你们乐于助人的仆人"S.卢奇曼斯和 J.卢奇曼斯宣布,以他们名字命名的公司将被解散。顾客和生意伙伴们都被要求今后直接与 E.J.博睿(E. J. Brill)联系,"他将接替我们"。博睿已受雇于公司 18 年。在这封信中,我们似乎听到了来自阴间的声音:塞缪尔·卢奇曼斯二世(Samuel Luchtmans II)死于 1780 年,而他的弟弟约翰尼斯(Johannes)则死于 1809 年。约翰尼斯死后,这份家族产业由其外甥、塞缪尔二世的儿子——塞缪尔三世经营三年。但当塞缪尔三世于 1812 年去世后,就没有卢奇曼斯家族的人来掌舵了。

从那时起,公司实际的经营和管理落在了约翰尼斯·博睿(Johannes Brill)的手里,他在十年前加入了卢奇曼斯公司,同时他自己还在莱顿经营着一家印刷厂。1821 年,这个家族最终还是补充了一位新经理,这就是约翰尼斯·卢奇曼斯的外孙约翰内斯·提比略·博德尔·尼延胡斯(Johannes Tiberius Bodel Nijenhuis)。这位博学的博德尔·尼延胡斯与其说是一个商人,还不如说是一个学者和收藏者。他一生收藏了大量的地图和印刷品,现在这些收藏品都保存在莱顿大学的图书馆里。他是出版社的"智力产品拍卖人"(auctor intellectualis),而博睿则负责公司的日常管理。这一分工极为合理,在此基础上,他们共同经营公司长达 25 年。

1848 年,约翰尼斯·博睿已经 80 高龄,他决定退休。其子埃弗特·扬(Evert Jan)已在公司工作多年,显然是他的继承人。50 岁的博德尔·尼延胡斯本可以像他和约翰尼斯·博睿合作那样继续和年轻的博睿共事,但是他宁愿投身于自己的精神追求而不愿处理公司的那些麻烦事。经与其他合伙人——男性或女性堂兄妹们——商议后,他做出一个决定:将这份家族产业变现,把它转让给 E.J.博睿。

> LEYDEN, DEN 1sten MEI 1848.
>
> M.
>
> Het is ten gevolge van omstandigheden, wier ontvouwing hier niets ter zake doet, dat de gezamenlijke geïnteresseerden in den Boekhandel, dus verre bekend onder de firma van S. EN J. LUCHTMANS, besloten hebben om die firma, welke sedert het jaar 1683 bestaat, en dus waarschijnlijk te dezen tijde verre de oudste der in dit vak in Nederland bestaande is, op te heffen en met den 1sten Julij dezes jaars haar te ontbinden. Hoogst gevoelig voor het, zoo vele jaren in onze voorouders en ons gesteld vertrouwen, nemen wij met gemelde datum afscheid van dit belangrijk handelsvak.
>
> Intusschen zal de firma, zoolang hare fonds-artikelen niet verkocht zijn, voortgaan bij aanvrage voor rekening en niet in Commissie daarvan af te leveren.
>
> Eenige weinige werken bij ons nog ter pers zijnde, zullen, als naar gewoonte, aan UEd. gezonden worden; de terugzending der onverkochte Exemplaren, gelijk ook van alles wat van ons bij UEd. nog onverkocht mogt zijn, zal tegen eenen nader te bepalen tijd verzocht worden.
>
> Voorts verzoeken wij U, om van en met 1o Julij aanstaande, alle vervolgwerken, welke genoemde firma tot heden van UEd. gehad mogt hebben, en verdere alle nieuwe bezendingen, aan den Heer E. J. BRILL, die ons albier vervangen zal, te willen zenden, die van zijnen kant UEd. de vervolgen van werken, waarvan UEd. de vorige deelen van ons gehad hebt, zenden zal; verder gelieve UEd. de aanvrage voor werken, niet tot ons Fonds behoorende, aan hem te rigten, daar hij het voornemen heeft denzelfden handel voor eigen rekening te drijven, en op dezelfde wijze uwe bestellingen zal ten uitvoer brengen, als hij tot heden deed, gedurende de 18 jaren welke hij in onzen Boekhandel onafgebroken is werkzaam geweest. Gaarne bevelen wij derhalve zijn persoon in uwe Correspondentie.
>
> Wat de liquidatie onzer firma betreft, hiervan zullen wij UEd. nadere informatie geven, bij het toezenden der rekening.
>
> De tijd waarop ons Fonds en Assortiment verkocht zal worden, is nog niet bepaald; de Catalogi zullen UEd. in tijds worden toegezonden.
>
> Ons in UEd. vriendschappelijk aandenken bevelende, hebben wij de eer ons met achting te noemen,
>
> UEds. Dienstv. Dienaren,
> S. en J. Luchtmans.

S.卢奇曼斯金和 J.卢奇曼斯在这封通函中宣布，他们的公司将在 E.J.博睿名下继续经营。此为有校对痕迹的校样。LA/ULA

　　这样，在 1848 年，S. 卢奇曼斯和 J.卢奇曼斯名义上可能还是公司的代表。但是，这封通函当然是他们的"枪手"博德尔·尼延胡斯所写。从公司档案中的几份相关文件判断，这些文件还包括一张询问"你不认为这个更好吗？"的便条，在博德尔和小博睿确定最后的文本之前，这封信的好几个版本都被讨论过了。博德尔完全有权利以公司名义来签字，但信上没有他自己的名字，这也产生了一种神秘的氛围，仿佛祖先的灵魂正被唤醒来祝福和保佑公司换人。从对往事的依稀回忆中，我们知道，分别出生于 1725 年和 1726 年的卢奇曼斯兄弟保证了旧公司向新公司的延续。在信的反面，E.J.博睿通知那些受人尊敬的公司伙伴，卢奇曼斯公司将在他的名下、在公司先前打下的基础上、在旧址上继续经营。他承诺，要"尽可能在最短的时间里和同样的条件下继续履行你们的订单"。他信守持续经营的承诺，然而，这并未阻止他探索新的道路。

乔达安·卢奇曼斯：早期岁月（1683—1708）

公司更换负责人之后，将使用博睿这一名称长达 160 年，而先前的 165 年里，则一直使用卢奇曼斯这一名称。公司实际上最早可追溯至 1683 年 5 月 17 日。这一天，出生于沃德里赫姆村（Woudrichem）的乔达安·卢奇曼斯（Jordaan Luchtmans，1652—1708）在莱顿书业行会注册为书商。这个年轻人此前曾在海牙的一个书商手下做过学徒，在莱顿开始和盖斯比克

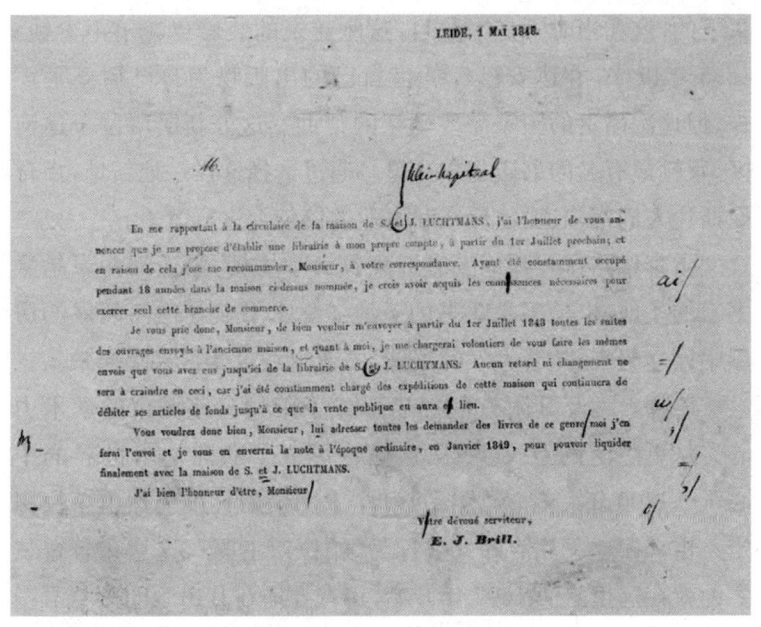

在一封法文版通函中，E.J.博睿通知外国生意伙伴，他正在接管卢奇曼斯公司。此为有校对痕迹的校样。LA/ULA

(Gaesbeek)兄弟进行竞争。

此后不到一周,乔达安又迈出了重要的一步,5月23日,他娶了萨拉·范穆申布鲁克(Sara van Musschenbroek)为妻,萨拉来自莱顿的一个与学术界有联系的家庭。1681年去世的萨拉的父亲塞缪尔生前是莱顿大学受人尊敬的乐器制作师,而萨拉当时尚未出生的外甥彼得(Petrus, 1692—1761)未来将会成为牛顿物理学界的一颗新星。而且,她也很适合当一个书商的配偶。萨拉在书业有着令人印象深刻的经历:她是16世纪安特卫普印刷商克里斯托费尔·普兰廷(Christoffel Plantijn)的曾孙女,这位印刷商也曾在莱顿工作过一段时间。乔达安·卢奇曼斯的姻亲为他进入学术圈子提供了再合适不过的机会。

书城

1697年,卢奇曼斯夫妇迁入雷奔堡路69号B的一处建筑中,书店也开在那里。这处有贵族气派的建筑是以6500荷兰盾买下的,这在当时不是小数目,这座建筑的装修也花了不少钱。1683年以来,乔达安已经凭借自己的出版物为自己树立了声誉,但这次昂贵的搬家需要姻亲的帮助。这处新居所位于运河区,莱顿最有名的书店都在这里。通过选择这样一处新址,卢奇曼斯让人们都知道,他旨在和书业的佼佼者进行竞争。

雷奔堡路这一片地区靠近莱顿大学主楼,沿运河两岸是藏书家的圣地,也是买卖图书的圣地。学术书业在运河两岸的房屋中建立起来,随着大学的繁荣,书业生意也变得兴隆起来。

莱顿大学及其附近的书店形成了莱顿这座城市的学术中心。从更广泛的意义上看,这里也形成了欧洲学术世界的中心——1700年左右,学术标准和学术图书的标准仍然由莱顿制定。雷奔堡这一片恰好又被称为"帕拉斯王国",这意味着智慧之神就在这里。从1697年开始,卢奇曼斯在其出版的荷兰语图书版权标记中颇为自豪地标明,他的书店"紧邻大学"。邻近大学的并非他这一家书店。1700年左右,莱顿的40家书店中有

15家位于大学附近。

卢奇曼斯在雷奔堡的一些邻居名气很大。已成立很长时间的埃尔泽维尔(Elzevier)家族的公司就位于 71—73 号,正好邻近大学区。创始人洛德韦克(Lodewijk)的曾孙亚伯拉罕(Abraham)将这家大学和莱顿市的印刷商运营到了第四代。但正像亚伯拉罕·埃尔泽维尔已过壮年一样,他的企业也在走下坡路。1700年左右,这家学术印刷商的业务下滑严重,以至于莱顿的博士生通常要到乌特勒支(Utrecht)去印刷他们的学位论文。之后,埃尔泽维尔的最后一个后人去世,彼得·范德阿(Pieter van der Aa)的知名书店又在同一地址建立起来。卢奇曼斯位于 69A 号的近邻是《莱德公报》(*Gazette de Leyde*),这是 18 世纪在国际上领先的 家报纸。约翰尼斯·韦贝塞尔(Johannes Verbessel)(后来改名为小约翰尼斯·范德林登[Johannes van der Linden Jr.])的书店位于 54 号,科内利斯·布泰恩(Cornelis Boutesteyn)的书店位于 64 号。在这个人口稠密的书城里,我们还能继续轻松地从莱顿书业名录中列举许多书店的名称。1700年左右还不能预见,在所有这些书店中,唯有卢奇曼斯的书店能存活到 21 世纪。

那个时期的图书贸易并非像今天一样专业。卢奇曼斯不仅是一个活跃的出版商,也是一家书店的经理,书店既卖他的书也卖其他出版商的书。出售的货物并非通常意义上的书,而是一叠叠印刷了文字的纸张。按规矩,完成一本书的所有费用如折页、集页和装订都是由客户来承担的。因此,书店还附带有装订业务,莱顿的居民也能在这里把自己的旧书和破损的图书再装订起来。除了自己的书店,有些出版商还开设有自己的印刷厂,但是卢奇曼斯把他的印刷业务外包出去。很久之后,在约翰尼斯·博睿的时代,公司才开设了自己的印刷厂。

卢奇曼斯的书店的货品只有一部分是近期出版的图书,书架上还有一些旧书和古董书。拍卖私人藏书是另一项重要的副业。莱顿城内集聚了许多学者和大量的图书，因此，经常会举办类似的拍卖活动。有时一个书商会拍卖生前曾与其合作出书的作者的遗产。这样，神学家雅各布·特里格兰（Jacob Trigland）就以三种不同的身份出现在乔达安·卢奇曼斯的出版名单中，他既是一部神学著作的作者（1701 年），又是一篇悼词的缅怀对象（1705 年），还是被拍卖的藏书的前所有者。

浇铸铅版试验

如果卢奇曼斯除了承担其他工作外，还要经营一家印刷厂，那么他就没有多少时间和精力投入出版社了。在此情况下，他将不得不承接来自第三方的业务以维持印刷店的运转，这会使他发展成为一个印刷商而不是出版商。尽管印刷外包是一个合理的决定，但卢奇曼斯还是卷入了一项颇令人注目的排字试验。约在 1690 年，出生于德国的莱顿路德教牧师约翰·穆勒（Johann Muller）发明了一种印刷技术，这就是后来著名的"浇铸铅版"技术（stereotyping）。把一组铅字的表面制作成一个石膏模，然后再用石膏模来浇铸立体的铅字版。这样，原来的铅字版就被成功复制了。依靠这些印版，一本书很快就能被印出来，而不用再次排版。这项发明很费时，只适用于印制印数较大和经常重印的图书。实际上，最后证明，这位牧师的发明特别适合《圣经》的印刷。

带着这些有益的想法，穆勒和乔达安·卢奇曼斯、科内利斯·布泰恩（Cornelis Boutesteyn）两位书商建立了合作关系。这些商业伙伴成立了一家浇铸铅版的印刷厂。这里所说的"印刷厂"有些误导读者，因为它的主要产品不是图书，而是印制图书的印版。1716 年印刷厂关闭后，虽然部分原来的伙伴去世，合作队伍有所变化，但他们的合作伙伴关系还在延续着。穆勒和布泰恩被他们各自的遗孀取代，卢奇曼斯则被儿子塞缪尔取代。在整个 18 世纪，这些印版被用于印刷对开版和四开版的《圣经》。印刷时唯一需要排版的是扉页，要把扉页上的印刷年份改过来。

卢奇曼斯家族的第三代与哈勒姆[①]的恩斯赫德（Enschede）公司合作，仍然在印制这些《圣经》。用机械化方式印制《圣经》大概是合作各方相当大的一笔收入，但时间一长，这些印版就会损坏。1791年的对开版字迹难以辨认，那些不满意的客户甚至把他们的《圣经》退给了出版商。虽然浇铸铅版技术在荷兰衰落后又在法国再次兴起，但经历这次失败后，浇铸铅版技术走到了尽头，不体面地退出了舞台。旧印版都被熔化，出于好奇，仅有一些样品被保存下来。

竞争和合作

亚伯拉罕·埃尔泽维尔的逐步衰退对乔达安·卢奇曼斯有利，但是卢奇曼斯不是唯一从莱顿起家的企业家。早在1677年，比卢奇曼斯小七岁的彼得·范德阿就被允许加入行会，他开设了自己的书店，这比卢奇曼斯还要早一些。他们俩都在盖斯比克兄弟那儿做过学徒，可能还在这家公司共事过。1708年，范德阿购买了雷奔堡路32号的一处建筑，是他的雇主盖斯比克以前的一处房产。直到5年后，他才来到学院街旁边的黄金弯道，1697年以来，卢奇曼斯就一直住在这里。两个书商都以出版学术书为主，这样，在获得手稿方面存在着竞争。除了出版学术图书，两家书商也都出版一些大众读物。范德阿出版旅行指南、地图册和一些重要的插图书。卢奇曼斯则热衷于出版印数大的《圣经》、有教育意义的作品和一些祈祷书。在市场上，这类提倡道德教育的图书赚了不少钱。范德阿比卢奇曼斯有着更大胆的创业风格。他偶尔也出版一些盗版图书，对此并无太多顾忌。

相互竞争的书商有时也会合作。如1690年卢奇曼斯和范德阿共同拍卖了古典学家塞奥多罗斯·里杰克（Theodorus Ri-

[①] Haarlem。荷兰一城市。——译者注

jcke)的藏书。同年还合作出版了一本军事策略的图书，希腊作者波利艾努斯（Polyainos）作品的拉丁文译本。显然他们的合作并不成功，因为1690—1691年间，市面上又出现了这本书的其他两个版本，都打着卢奇曼斯和杜维维（Du Vivie）两家出版社合作出版的名号。卢奇曼斯和范德阿还有过两次合作，但是，其他书商也参与了这两个合作项目。卢奇曼斯可能希望通过与多方合作分散与像范德阿这样的伙伴合作的风险。通常乔达安·卢奇曼斯会与他的浇铸铅版生意伙伴科内利斯·布泰恩或约翰内斯·杜维维（Johannes Du Vivie）合作。

1863年，J.T.博德尔·尼延胡斯用一块未被熔化的旧铅版来印刷，这是18世纪卢奇曼斯用来印刷对开本《圣经》时使用过的一块铅版。1791年印刷的最后一版上市后滞销，这一点也不令人吃惊：因为铅版磨损，印刷的成品质量低劣。LA/ULA

两家在竞争学术书稿方面也旗鼓相当。与学术界建立个人联系非常重要,两个书商都费尽心思拉拢知名作者。范德阿巧妙地争取到了一些教授和校务委员(regent)的支持,而卢奇曼斯则从他与穆申布鲁克家族的关系中获利,并可能也获益于他良好的声誉。此外,亚伯拉罕·埃尔泽维尔有许多缺点,因此学术书稿足以供给这两个处于低谷的新入行者。尽管在神学领域,卢奇曼斯做得比范德阿更为出色,但这一时期一些学术明星的名字开始出现在两个出版商的出版目录中。

海德堡教理问答与叙利亚文语法

1683—1708年的25年里,乔达安·卢奇曼斯出版了170种图书,平均每年出版6至7种。其中有20种图书印在了他组织的图书拍卖的目录里。还有10种图书归在零星出版物的分类下,如颂词、演讲录及类似的图书。在他的出版目录中,荷兰部分有20多种图书,主要是神学性质的图书。那些有教育意义的手册,其受欢迎的程度不应被低估。亨德里克·格罗内维根(Hendrik Groenewegen)的《海德堡教理问答》(*Oefeningen over den Heidelbergschen catechismus*),出版不少于七版。而大卫·克尼比(David Knibbe)的《归正会教义》(*Leere der gereformeerde kerk*)则印刷了三版。显然这些宗教自助类图书在荷兰很有市场。卢奇曼斯不仅给客户提供安抚心灵的精神读物,同时也考虑到了客户的身体需要,亨德里克·范德文特(Hendrik van Deventer)的《助产士的新光》(*Nieuw light der vroet-vrouwen*),还有威廉·科伯恩(William Cockburn)的《海上易发疾病之论证与说明》(*Redenering en aanmerkingen omtrent de ziektens ter zee voorvallende*),也满足了人们对医学知识的需要。

卢奇曼斯出版目录中有120种学术图书,占其出版物的大多数。这些书多用拉丁文出版,唯一的例外是一本用法语出版的医学手册。医学类图书居多,有39种,这反映了当时大学相关学院的研究能力。传统人文学研究领域也通过 35 种有关语文学和古代历史的图书得到了几乎同样全面的呈现。有时语文学和神学融合在一起,就像 1685 年出版的约翰内斯·鲁斯登（Johannes Leusden）的 *Philologus Hebraeo-Graecus*。这本书开创了博睿出版社犹太文出版传统,这一传统延续至今。今天的博睿出版社在叙利亚研究方面也有着悠久的出版传统,那就是源自卢奇曼斯在 17 世纪末出版的相关图书,包括 1685 年出版的约翰内斯·鲁斯登的《叙利亚学校》(*Schola Syriaca*),1686 年出版的卡洛斯·沙夫的《阿拉姆语研究》。严格意义上的神学类图书的数量位居第三,大约出版了 20 种。出版目录中很少有其他领域的出版物,自然科学和法学方面只出版了几种图书。

塞缪尔·卢奇曼斯一世（1708—1755 年）：巩固和扩张时期

1708 年,乔达安·卢奇曼斯去世,此前不久他刚刚庆祝了两个 25 周年纪念日。他去世前一个月,公司刚刚庆祝过开业 25 周年;去世三周前,他刚庆祝了自己的银婚纪念日。他被安葬在莱顿胡格兰德（Hooglandse）教堂的穆申布鲁克（Musschenbroeks）家族的墓地里。虽然妻子给他生了四个儿子,但只有塞缪尔（1685—1757）活了下来,这个孩子用了外祖父的名字穆申布鲁克。父亲死后,塞缪尔·穆申布鲁克（Samuel Musschenbroek）子承父业,接手了公司的管理,他的母亲还是公司真正的所有人,直到她在 1710 年去世。塞缪尔曾跟随父亲学习书业,但是由于受过良好的教育,他也能从学术活动的角度理解图书。他曾在拉丁语学校学习过,还在莱顿大学学习过数年法律。在他父亲打下的基础上,他将公司管理到了 1755 年。1721 年择偶时,他追随其父的足迹,娶了堂妹科妮莉亚·冯穆申布鲁克(Cornelia van Musschenbroek，1699—1784)，妻子比他小 14 岁,他们后来生了 9 个孩子。

接手公司时,卢奇曼斯已经在莱顿图书贸易行业中赢得了声誉。在 1715 年的一份所谓的纳税记录中,莱顿总计有 35 家书商被做过评估,但仅有 4 家公司必须交纳 20 荷兰盾的最高税赋,它们是塞缪尔·卢奇曼斯、彼得·范德阿、丹尼尔·范登戴伦(Daniel van den Dalen)和《莱德公报》的出版商安东尼·德拉方特(Anthony de la Font)。1714 年,塞缪尔把图书、版权以及其他财产都加在一起,结算了自己的账户。他计算出的总金额达到了令人印象深刻的 6.436 万荷兰盾和 9 斯泰佛①。这个数额与他当时估算的他的财产的市场价值("如果必须要在我死后立即出售")相符。他认为,从长远看,他的财产实际价值大约会再高 3 万荷兰盾("如果全能的上帝能让我多活几年")。

起草资产负债表时,塞缪尔·卢奇曼斯还不到 30 岁,在上帝的帮助下,他将活到 72 岁的高龄。1747 年,他再次结算了账户,现在他的财产算起来超过了 12 万荷兰盾,几乎是 1714 年的两倍。这一总额还不包括他的任何房产,我们或许因此可以得出结论,这些年来他把公司经营得很好。这一印象也能从 1742 年莱顿的税务评估登记表上得到证实。莱登的税务评估登记表明,在 32 家被评估的书商中,只有 2 家年收入超过了 2000 荷兰盾。亨德里克·范达姆(Hendrik van Damme)的收入估计在 2500～3000 荷兰盾之间,但这个数字被证明是高估了,经进一步考虑,他的收入可归入 1200～1500 荷兰盾这一相对较低的类别。在第 12 税务组中,塞缪尔·卢奇曼斯是唯一的莱顿书商,这意味着他的年收入在 4500～5000 荷兰盾之间。按这个标准算,他是真正的中产阶级,那时非常富有的人年收入有 1.2 万荷兰盾。塞缪尔有理由摆出一副受尊敬的、自鸣得意的姿势,1748

---

① stiver,荷兰旧硬币。——译者注

年画家耶罗尼穆斯·范德米在肖像画中记录了这一切。

学术研究和夹带"私货"

早在1714年,卢奇曼斯二世就出版了一个目录,收录了那个时代他出版的331种图书,绝大多数(261种)是以拉丁文出版的学术图书,但他也出版了70种荷兰文图书。法文图书仅有4种,到18世纪后期,将会有更多图书和目录用法文出版,这与法文占据的公共舆论空间相一致。大约60%的拉丁文著作是由乔达安或塞缪尔·卢奇曼斯出版的,有些还是与其他书商合作出版的。荷兰文图书主要是祈祷书和一些对公众有教育意义的图书,他们自己出版的荷兰文图书比例也在60%左右。

以拉丁文出版的学术图书主要是传统的人文学术著作,其中30%以上是有关语文学和古典时代的,包括一些与希伯来文献(Hebraica)和叙利亚文献(Syriaca)有关的图书。神学类图书约占这些学术图书总数的四分之一,还有20%是医学类图书,10%是司法类图书。目录中剩余的15%是有关哲学和自然科学的图书,主要是18世纪由笛卡尔(Descartes)、伽桑狄(Gassendi)、格林克斯(Geulinx)、霍布斯(Hobbes)、斯瓦默丹(Swammerdam)、列文虎克(Leeuwenhoek)、惠更斯(Huygens)创作的图书。直到18世纪20年代,牛顿的物理学和"经验主义自然哲学"才传到莱顿。

卢奇曼斯是一个有着严格道德品行的书商,但在他出版的荷兰文启发教育类图书中,他曾有违教化原则地夹带了一点"私货"。在索尔曼(Soermans)的《南荷兰省教会牧师名册》(*Kerkelijk Register Predikanten van Zuydholland*)和斯滕格拉特(Steengragt)的《打开内部圣殿以看到整个神性》(*Binnenste Heyligdom geopend om te sien de gantsche Godgeleertheyd*)之间,人们会偶然发现一本被简要命名为"*Spinoza regtsinnige Theologant*"——即"斯宾诺莎,正统神学家"——的书。这个书名很有意思，因为根据当时的观点，哲学家斯宾诺莎绝对不是正统派。这本书的完整书名是"正义的神学家或神学家政治"（De rechtsinnige theologant, of Godgeleerde Staatkunde）。如果再仔细看，这其实是斯宾诺莎的《神学政治论》（*Tractus Theologico-politicus*）一书的译文。《神学政治论》是1670年用拉丁文出版的，除了他的《笛卡尔哲学原理》（*Principles of the Pholosophy of Descartes*），这是斯宾诺莎在世时出版的唯一著作。几年后，该书因为"亵渎上帝，极其有害"，而被荷兰法院禁止出版。

那时，《神学政治论》已经被译为荷兰文，但是为了自身的安全和内心的平静，斯宾诺莎阻止了该书的出版。几年后，1677年斯宾诺莎去世时，该书译文已用两种版本秘密出版，取名为*Rechtsinnige Theologant*（1693—1694）。这本书不得不在柜台下面销售，通过地下渠道传播。这是现在被称之为"激进启蒙"的思想运动中最经典的一个案例。在人们眼中，塞缪尔·卢奇曼斯这样正统的书商的商品库存中不应出现《斯宾诺莎，正统神学家》这样的作品。塞缪尔·卢奇曼斯把这本书也列在目录中，多少有些令人吃惊。他冒着被重罚的风险——他在阿姆斯特丹的同行格瑞特·博姆（Gerrit Bom）在1761年因为销售斯宾诺莎的一本书而被重罚。从塞缪尔在目录上做的记录来判断，这本书他有11册库存，或许这也是他从父亲那里继承的一部分遗产。

圣马可爵士

1712年8月，亚伯拉罕·埃尔泽维尔去世，莱顿大学和莱顿市印刷商的职位虚位以待。一个人的死会给另一个人带来谋生的机会。塞缪尔·卢奇曼斯极有可能申请到这个职位，但他却未能成功。是他太年轻，还是大学的管理者需要一个有自己印刷厂的候选者？卢奇曼斯并非唯一的申请者，彼得·范德阿也在为自己谋求这个诱人而光荣的职位。展望未来，有雄心大志的出版商会花数年时间来谋求这一任命，如出版商自费出

印刷商标识（printer's mark）不仅是一个出版商的招牌，还是真货的证明，有预防盗版的作用（至少出版商是这样期望的）。从 1683 年开始，乔达安·卢奇曼斯使用一个田园风格的商标，以耕种的农夫和"希望让农夫兴旺"（Spes alit agricolas）的座右铭为标志。1714 年，塞缪尔一世把知识和智慧女神帕拉斯·雅典娜作为公司的标志。女神乐观地表示自己在盾牌后安全而健康——帕拉斯庇护下的安宁。从辛苦的农夫到充满希望的女神，这一变化反映了第一代和第二代的不同。塞缪尔不再需要艰苦努力以维持生计。作为知识的象征，帕拉斯也指代卢奇曼斯的出版社的主要支柱。或许从她那里获得的自信也与《乌特勒支和约》（1713—1714 年）有关，这个和约结束了漫长的西班牙王位继承战争。

虽然 1745—1755 年间还用过其他标识，但帕拉斯被保留了下来。其他标识或许是第三代做的一个试验，因为他们正好出现于公司以"塞缪尔·卢奇曼斯和儿子们"为名的时期。一个头上承载着灵感的火焰、周围都是有寓意的道具的妇女的形象意味着她以神灵、智谋、艺术、敏感、努力等各种精神为指引。（该图像配有较多的拉丁文标注：以神灵、技艺、敏感和努力为指引［Deo duce ingenio arte vigilantia labore］。）另一位身处田园诗般环境中的女士则预示着商业与娱乐的结合。这些象征物意味着这是塞缪尔二世和约翰尼斯因为年轻而犯下的过错。1755 年后，他们又重新使用风格化的帕拉斯商标。在 19 世纪，印刷商标识变得过时了，但在 20 世纪初，博睿出版社再次启用了过去的座右铭，即"帕拉斯庇护下的安宁"。

版大学图书馆的新目录等。这种慷慨的奉献会被大学的管理者愉快地接受，但显然这并不足以让他赢得大学印刷商这一职位。书商兼印刷商雅各布·波里普（Jacob Poereep），同时也是大学的仪仗官，被任命接替埃尔泽维尔的职位。

范德阿并未就此认输，他不怕麻烦全力以赴，还是为自己赢得了这个学术印刷商的职位。首先，他获得了管理者雅各布·范瓦塞纳尔·奥巴丹（Jacob van Wassenaer Obdam）的支持，他向后者奉送了一本自己的出版物。然后，他买下了亚伯拉罕·埃尔泽维尔的大部分财产，包括后者的库存图书以及他在雷奔堡的房产。旧房子被拆毁，一幢令人印象深刻的综合建筑在原址上被建起，该建筑由一套住宅以及旁边的商店和印刷车间组成。在此之前，他在行会注册的身份为书商，但现在他又以印刷商的身份注册了。他的迂回策略奏效了，波里普并未在这个职位上尽责的事实也对他颇有助益。这样，1715年5月，范德阿被任命为大学印刷商。几周前他已被任命为莱顿市的印刷商。

从1715年至1730年，彼得·范德阿是莱顿书业的一颗耀眼的明星。同一时期，塞缪尔·卢奇曼斯的生意也很兴旺，但他只能在邻居的阴影下发展。在范德阿的全盛时期，他的出版物无与伦比——威尼斯总督（Doge of Venice）对他的一本出版物印象深刻，以至于他将这位书商任命为圣马可骑士团（Order of San Marco）骑士。拥有如此响亮的头衔，这位大学印刷商可以在雷奔堡把头抬得很高。他出版了庄严、宏伟的《世界欢乐画廊》（*Galerie Agreable du Monde*，1729），达到了其出版事业的顶点。那是荷兰出版的一本最精美的书。该书也是范德阿在排版艺术上的绝唱，因为他晚年在和愈发严重的健康问题做斗争。

1730年8月，他不得不辞去莱顿市和莱顿大学的印刷商职务。1731年春，他处置了印刷厂。塞缪尔·卢奇曼斯组织了拍卖会，库存图书都被出售。1733年，彼得·范德阿去世，未留下男性后代。其妻子继续经营位于雷奔堡的书店。一段时间之后，在 1735 年，书店最终关闭。

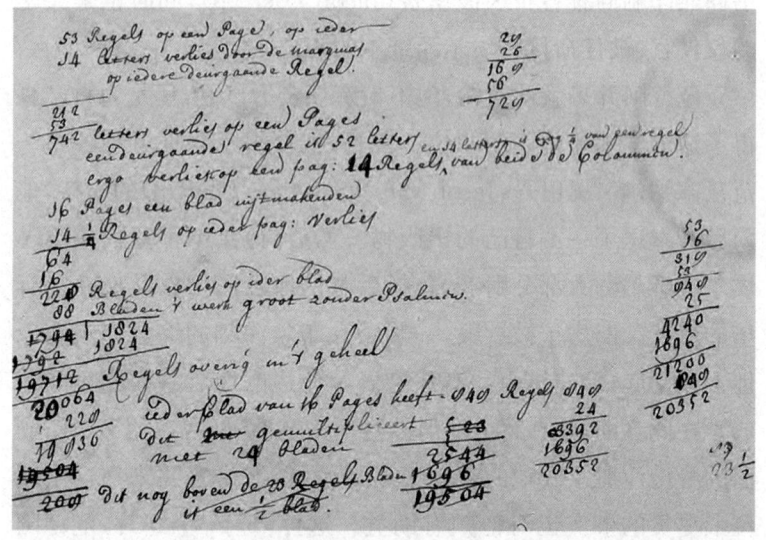

出版商的烦恼。1717 年的一份草稿。在这份草稿上，塞缪尔·卢奇曼斯在纸上计算着八开纸每一行的字数和每页的行数。经过推断，他估算出所需要的印张数量（每一张纸包含 16 页）。采用不同的字体，他还可减少用纸。但是在这种情况下，他将不得不换新的浇铸字模。这个计算涉及匈牙利文《圣经》（*Magyar Biblia Avagy pz az O es Uj Testamentom*）的出版，1718 年该书由卢奇曼斯出版。出版匈牙利文《圣经》的原因不明。塞缪尔曾就此书出版事宜给一个叫德索布里（Desobrie）的人写过信，这个人或许是匈牙利新教教区的一个代表。这张便条右上角的模糊半圆形是塞缪尔茶杯的留下的痕迹。LA/ULA

塞缪尔的全盛时期

　　一个人的死去给另一个人的生存带来机遇，这种事再次发生了。彼得·范德阿从舞台上消失了，对塞缪尔·卢奇曼斯来说这是件大好事。1730 年 8 月 8 日，当邻居因病辞职后，他被任命为莱顿大学的印刷商。这次有意识地预测到未来的正是卢奇曼斯：早在 1728 年，他就出版了《莱顿大学的法律和章程》（*Laws and Statues of the University of Leiden*）一书。1730 年 2 月 7 日，他被任命为大学印刷商之前的 8 个月，他向大学学监许诺，将"竭尽全力把一些阿拉伯手稿用对开纸张印刷出来"。

这正是范德阿当年为博取校方欢心而采取的策略。

1732年,该书出版了,费用由出版商承担,书名为《阿尔马利奇·阿尔纳西里·萨拉丁苏丹的生平和成就》(*Vita et res gestae Sultani Almalichi Alnasiri Saladini*),阿拉伯文和拉丁文翻译分列两栏,相互对照。这部记录萨拉丁苏丹生平的著作是卢奇曼斯出版的第一部阿拉伯文出版物,从而开启了博睿出版社出版东方学图书的先河。拉丁文译文是由神学家阿尔伯特·舒尔滕斯(Albert Schultens)翻译的,他是后来延续三代的莱顿阿拉伯学者群体的首创者。舒尔滕斯家族和卢奇曼斯家族之间的密切关系由此发展起来。

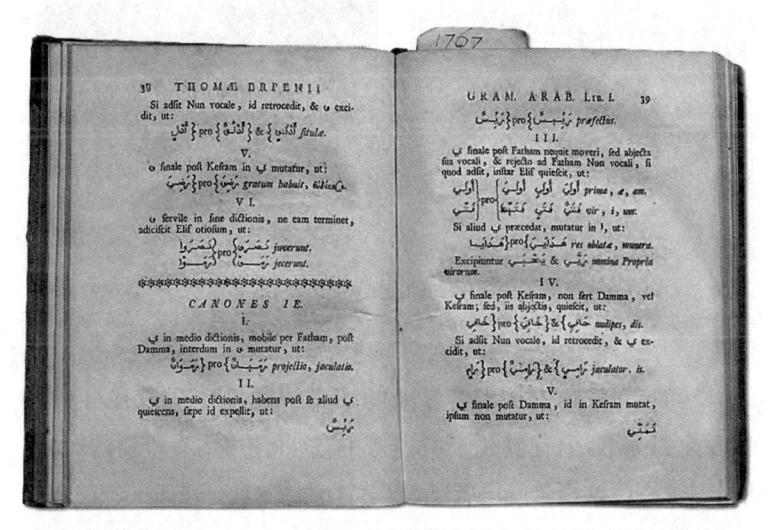

《阿拉伯语语法》(*Grammatica Arabica*)一书的内文,此书最早于1747年由塞缪尔·卢奇曼斯出版,1767年由其子再次编辑。阿拉伯研究学者阿尔伯特·舒尔滕斯在他的书中修订了托马斯·埃尔波纽斯(Thomas Erpoenius)的古老语法。Brill Coll.

1730年,新的大学出版商也被任命为莱顿市的官方印刷商,这并不意味着卢奇曼斯实际经营着一家印刷厂。市民和大学都认为他们的印刷业务将会被外包出去。范德阿的消失造就了一个空缺,卢奇曼斯得以在这个空缺中发展自己的业务,他充分利用了这一空缺。1730至1755年间是塞缪尔一世的全盛时期,其出版业务尤其如此。因任命他为大学印刷商而引发的各种争论和辩论增加了他的营业额,即使并非所有业务都有利可图。在学术出版领域,塞缪尔坚守自己熟悉的神学和语文学,但是,他也开辟一些新领域。牛顿的思想开始主导莱顿大学,其影响也在大学出版的 *Typographus Academiae* 中看得出来。

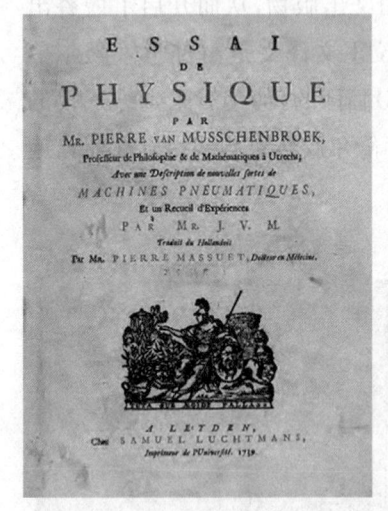

彼得鲁斯·范穆申布鲁克(Petrus van Musschenbroek)是塞缪尔·卢奇曼斯的大舅子和表弟,他是著名的物理学家,也是卢奇曼斯的一位畅销书作者。LA/ULA

然而,在乔达安·卢奇曼斯的书目中几乎完全没有自然科学方面的图书,但在其儿子的目录中,这些图书占有重要的地位。早在1727年,塞缪尔就出版了《数学》(*Matheseos universalis elementa*),W.J.斯格雷夫桑德(W. J. 's Gravesande)就是借助这本书把牛顿的"普通数学"学说引入了荷兰。在开发这个领域的过程中,卢奇曼斯再次从他和姻亲的关系中获益,他的表弟和大舅子彼得鲁斯·范穆申布鲁克(1692—1761)成了新物理学的一个权威。他先在莱顿从事研究,然后先后在杜伊斯伯格和乌特勒支任教授,1740年返回莱顿接替斯格雷夫桑德。穆申布鲁克把他的大部分著作交由表兄塞缪尔·卢奇曼斯出版。直到18世纪60年代,他的《基础物理学》(*Elementa Physicae*,1734年出版）依然还是畅销书，经常定期重印，也译成法语和荷兰语出版。

以多种语言出版以让更多公众得到图书是卢奇曼斯近年来频频采取的策略。这种启蒙不仅发生在伟大思想和科学发现的崇高领域，在咖啡馆、沙龙、阅读小组以及学术团体中也很显著。就是在这样的圈子里，一个爱探究的顾客群体发展了起来，由此促进了出版社图书的销售。图书贸易和时代精神相得益彰。

即使是出版其表弟彼得鲁斯·范穆申布鲁克的著作，出版商也会精确计算各种成本。

从父亲到儿子

塞缪尔由此成为一个卓越人物，他的书店生意也变得愈为重要。与此同时，他和科尼莉亚生了九个孩子。他们在各个方面都取得了成就。随着时间的流逝，两个年长的儿子，塞缪尔二世（1725—1780）和约翰尼斯（1726—1809）被考虑接管公司。他们都上过拉丁语学校，然后还在大学学习过几年。就像那个时代所有受过教育的人们一样，他们熟练掌握拉丁语和法语，与此同时，还接受了德语、英语和意大利语的训练。这些语言并不在通常的教学大纲中，但它们在图书贸易中却非常有用。

1741年，刚刚16岁的小塞缪尔就被同业公会注册为书商。这种待遇某种程度上非同寻常，这都是其父在图书行会的领导地位而带来的便利。显然，老塞缪尔想让他继续其生意，因为就在同一年，作为他的继任者小塞缪尔也被任命为莱顿市和大学的印刷商。小塞缪尔依然是一个学生，并不实际参与其父亲的商业活动，直到18世纪40年代后期。1749年，约翰尼斯成为公司的一分子，他将继续为公司效力60年，这使得他成为公司服务时间最长的卢奇曼斯家族成员。

因此，家族企业在"塞缪尔·卢奇曼斯和儿子"的旗号下经营，直到父亲在1755年退休。年届70的他开始感到步入老年带来的负担。两年后，1757年冬，塞缪尔·卢奇曼斯去世。他被葬在他在彼得大教堂（Pieterskerk）购买的家族墓地中，该地点与其生前地位是相称的。科尼莉亚又活了好几年，直到1784年才去世，并和他安葬在一起。

塞缪尔和约翰尼斯·卢奇曼斯公司（1755—1848）

虽然塞缪尔二世和约翰尼斯兄弟只在1780年前共同经营家族企业，但公司将继续以塞缪尔和约翰尼斯·卢奇曼斯公司为名运营将近一个世纪。他们几乎同龄，因为总是在一起，所以给人双胞胎的印象。他们兄弟间的一致性也延伸到其他方面，他们都娶了一个雷茨马（Reytsma）家的姑娘。1763年，约翰尼斯和玛丽亚·乔安娜（Maria Johanna）结婚。18个月后，塞缪尔娶了她的妹妹康斯坦蒂亚·伊丽莎白（Constantia Elisabeth）。作为莱顿大学和莱顿市的印刷商，他们继承了父亲的事业。和他们的父亲一样，也在行会内拥有重要的地位。和他们父亲不同的是，他们无须争取可靠市民的地位，因为他们一出生就拥有这种地位。他们不算莱顿的统治阶级，但是作为富商，他们开始接近这个城市的上流阶层。尽管卢奇曼斯家族以前是荷兰改革教派（Dutch Reformed Church）的成员，但这对兄弟和他们的妻子却去瓦隆教堂（Walloon Church）。做出这种改变的原因不明，或许他们在瓦隆教堂的氛围中感觉更加自如，或许他们认为这种教派更适合他们所处的阶层。

超越边界

兄弟俩不止在雷奔堡做生意，他们会定期到国外旅行。爱好旅行并非来自他们父亲的遗传，后者对游历四方虽心有向往，但却并不付诸行动。人们对塞缪尔一世的印象是，他更像是一个恋家的人。无论如何，都没有迹象表明他曾参加过法兰克福、莱比锡的图书博览会。从做生意的角度看，他并无必要在这些场合露面。因为就像大多数荷兰书商一样，他有自己的代理商。第三代的旅行欲望让我们想起的是其祖父乔达安，后者曾数次参加德国的图书博览会。从塞缪尔1714年的资产负债表上看，有一段时期，乔达安甚至还在杜伊斯堡和林根①开设了分公司，这些分公司因适逢18世纪前10年的战争而倒闭。

卢奇曼斯家族档案留下了五本旅行日记，塞缪尔和约翰尼斯在这些日记中记录了他们在国外的经历。他们最喜欢出国参加莱比锡图书博览会——一个世纪后其风头盖过了法兰克福博览会。不仅如此，塞缪尔还在1768年去了法国。1772年，约翰尼斯还在英国停留了一段时间。兄弟俩的相互陪伴常常被这些旅行打断，因为他们中要有一人留在莱顿管理书店的日常事务。

从莱顿到莱比锡路上要走十天，再加上驿马车要在崎岖不平的道路上颠簸，这绝对是一段艰难的行程。博览会上展出的

---

① 杜伊斯堡和林根分别为德国西部和西南部城市。——译者注

图书是另外运送过去的,通常是用水路运输,从阿姆斯特丹到汉堡,然后从易北河(Elbe River)再到莱比锡。图书大多未装订,被装入防水的木桶中。为了把所有的旅行成本、食宿开支,以及运输成本赚回来,在莱比锡大赚一笔极为重要。因为有这么多麻烦,每年平均只有两到三个荷兰书商参加莱比锡图书博览会就一点也不令人吃惊了。

国际市场的优势是它提供了直接联系客户的机会。人们可以在那里销售他们自己的图书,购买本国市场感兴趣的外国图书。而且,去莱比锡不仅是为了生意,也是为了消遣:博览会是一场充满生气的聚会,人们可以在那里做许多事,看许多东西。然而,我们难以从塞缪尔1764年5月参加博览会的记述中感受到参加博览会消遣的一面。从日记的内容看,这位严肃的年轻人忙于建立自己的人际关系网,他主要通过和其他书商会面寻找乐趣:

> 5月26日。在赖希先生餐馆吃午餐。在这里遇见了克劳斯(Kraus)先生和他的妻子,他们来自维也纳。还有沃尔特(Walther)夫妇和他们的儿子,他们一家来自德累斯顿。还有尼古拉(Nicolai)先生和他的妻子,他们来自柏林。还有来自汉堡的博恩(Bohn)和布兰德(Brand),都是书商,都盛情招待我们。我……在纽马基特见了市长博姆(Bom)先生;来自沃芬布特尔(Wlofenbuttel)的迈斯纳(Meisnar)先生和来自哥本哈根的穆宁(Munine)先生也都住在那里。

有风格的商人

兄弟俩的父亲更像是一个出版商而不是一个书商,而他们则更像是书商而不是出版商。在兄弟俩的管理下,出版社继续出版一些并不知名的著作,主要是古典语言领域的著作。除出

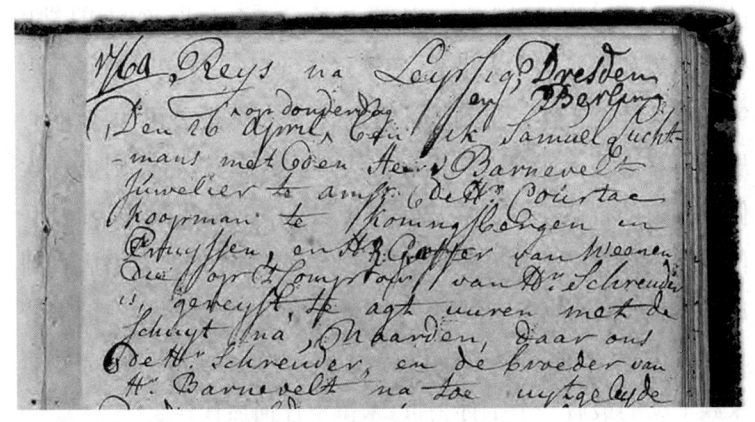

塞缪尔·卢奇曼斯二世对其 1764 年莱比锡之行的记述。LA/ULA

版由当时莱顿大学一些古典学学者注释的文本外，也再版了公司过去出版过的一些旧书。出版社已经失去了其活力，这与 18 世纪下半叶莱顿大学和莱顿市地位的下降有关。另一方面，相比其父，兄弟俩还是出版了一些令人吃惊的图书。

由塞缪尔和约翰尼斯·卢奇曼斯公司定期出版的庞大图书目录中收录了数千种图书。这些目录还包括许多古旧图书，甚至还有 15 世纪最后 25 年出版的古书。带着极大的热情，塞缪尔和约翰尼斯精心经营着这家书店。为了得到更多的图书，他们和无数的国内外书商保持着通信联系。和他们保持通信联系的有德国、法国、比利时、英格兰、瑞士、意大利、西班牙、葡萄牙、丹麦、瑞典、俄国和匈牙利的书商，甚至一个远在孟买的书商偶尔都会收到来自莱顿的邮件。这些联系中有一些是他们在图书博览会上建立的。他们在雷奔堡的写字台后做的事情和塞缪尔一世在莱比锡当面做的事情是一样的：和书商同行建立有益的关系。

家族编年与传承

1780 年，兄弟一体化的管理模式被打破。这一年塞缪尔二世去世，而约翰尼斯继续经营公司。世袭继承权被 1766 年出生的塞缪尔二世的儿子取得。约翰尼斯有两个女儿,他的儿子出生不久就死了。父亲去世时,塞缪尔三世只有 14 岁。他必须先完成学业才能工作。拿到法学学位后,他加入了公司,但他的心思并不在书业。他把家族生意留给自己的叔父,自己则更喜欢做莱顿市的行政工作。在巴达维亚共和国[①]和法国统治时期,他在莱顿拥有多处办公室。约翰尼斯·卢奇曼斯经营书店直到 1809 年,这一年他在工作中去世,享年 83 岁。塞缪尔三世接管了家族生意,但他的经营也仅持续了三年。1812 年,卢奇曼斯家族王朝的最后一个子孙去世,未留下任何后代。

按照传统,这家公司以塞缪尔和约翰尼斯·卢奇曼斯公司的名义继续经营,但是它搬离了历史悠久的雷奔堡 69 号旧址:那时,书店搬至运河对面的 78—80 号。约翰尼斯的女儿马格达莱娜·赫里塔(Magdalena Herietta)继承了家业。她嫁给了阿姆斯特丹的物理学家埃弗顿·博德尔·尼耶胡伊斯(Everton Bodel Nijehhuis)。这对夫妇有两个孩子,约翰尼斯·泰比里厄斯(Johannes Tiberius)和凯瑟琳娜(Catharina)。1799 年,当他们的母亲去世时,其父无力亲自养育他们。约翰尼斯·泰比里厄斯和凯瑟琳娜在莱顿的祖父约翰尼斯的家里长大,主要由未婚的婶婶科尼莉亚抚养。这个孙子命中注定是其祖父的继承人。但其祖父去世时,他还太小,不能接管家族生意。

就是在家族历史的这个阶段,卢奇曼斯的名字和博睿的名字纠缠在了一起。因为塞缪尔三世还有其他事情需要照料,而约翰尼斯正在变老,他们聘用了莱顿市的印刷商博睿任公司经理。约翰尼斯·博睿(1767—1850)是荷兰牧师的后代,但是他自己并不想当一个牧师。早年他也并非命中注定要成为一个书商。1786 年以来,他被奥伦治王朝(Orange)威廉(Willem)五世

---

① Batavian Republic,1795—1806 年期间在荷兰成立的一个共和国,为法兰西第一共和国的傀儡国。——译者注

的秘书处聘用,但1795年当法国入侵荷兰,王子避难英格兰时,他被抛弃,从而失业。博睿自然就被视为奥伦治分子①,在法国支持的巴达维亚(Batavian)共和国时期,这并非一件被提倡的事。为了维持生计,他在莱顿创办了一家印刷厂,以此名义来为卢奇曼斯家族承担一些印刷委托业务。从1802年起,他开始了一种双重身份的生活,既是一个独立的印刷商,还是卢奇曼斯的经理。这种状态一直持续到1848年。这一年他成为卢奇曼斯家族出版社的印刷商,虽然他也承揽其他人的印刷业务。

当塞缪尔三世在1812年去世时,约翰尼斯·博睿正在学习图书贸易理论。这位经理现在还是塞缪尔和约翰尼斯·卢奇曼斯公司的管理者,直到年轻的博德尔·尼耶胡斯成人。就像18世纪的前辈一样,博德尔接受了同样的教育,他上了拉丁语学校,随后又在莱顿大学学习法律。学习中,他把家族公司的历史和自己作为一个出版商的未来联系起来。1819年,他写作了以印刷商和书商权利为主题的历史和司法论文,获得了博士学位。博士论文也被塞缪尔和约翰尼斯·卢奇曼斯公司出版。

共同领导

因此,在理论方面,博德尔为1821年进入公司做好了准备。他缺乏图书贸易的实际经验,但幸运的是,经验丰富的博睿和他在一起。直到1848年,都是他和博睿共同管理公司。博睿担任公司总经理,而博德尔担任精神导师(intellectual mentor)。博德尔与其说是一个书商还不如说是一个学者,他和学术界保持着密切的联系。卢奇曼斯公司仍然是大学的印刷商,这保证了公司能从学位论文和学术出版物的出版方面获得稳定的收入。就像过去一样,古典学文本仍然是公司的固定出版项目。

---

① Orangeist,主张奥伦治主义的人,信奉新教,反对爱尔兰民族主义和天主教,企图使新教占统治地位。——译者注

这些年同样重要的是,来自莱顿大学著名的"华纳遗产馆"[1]保存的阿拉伯文系列手稿得以出版。历任阿拉伯学学者如哈马克(Hamaker)、朱因博尔(Juynboll),还有杜齐[2],都在卢奇曼斯出版了各自编辑的这些阿拉伯文手稿。东方学研究的传统建立于先前卢奇曼斯的出版物之上,也预示着博睿以后的出版目录。随着鲁汶(Reuvens)和詹森(Janssens)等教授的到来,考古系在大学赢得了学术地位,这反映在该领域出版的各类出版物中。从1839年起,埃及学研究在令人印象深刻的系列出版物《埃及古迹》(Aegiptische Monumenten)中被体现,博睿出版社出版该系列直至1904年。

政治变化也对塞缪尔和约翰尼斯·卢奇曼斯公司的出版物有所影响。例如,志愿参军的莱顿大学学生参加了反抗比利时的"十天战役",这在神学家N.C.基斯特(N.C.Kist)编辑的言辞华丽、饱含爱国情绪的手册 De terugkomst der vrijwillige jagers 中得到肯定。

反抗比利时的另一个后果就是威廉一世国王所谓的"坚持政策"。直到1839年,国王还在徒劳地想把南方的国土夺回来。宗主国巨大的军事开支,导致了对东印度殖民地更加残酷的掠夺和剥削。这反过来又影响了莱顿,刺激了人们对东方科技和学术研究的兴趣,促使卢奇曼斯在这一领域出版了许多出版物。利润丰厚、通过强迫劳动开垦殖民地的新开发项目(Cultuurstelsel)的影响力波及雷奔堡。"遵照国王的命令(这样就得到了政府的支持),1839—1844年,卢奇曼斯出版了一套三卷本的宏

---

[1] Legatum Warnerianum,莱顿大学在阿拉伯语研究方面的杰出成果源自学校学者对于通常较为复杂的启蒙手稿的兴趣,卢奇曼和之后的博睿也致力于出版这些手稿。莱顿大学收获的最慷慨的收藏之一来自莱文纳斯·华纳(Levinus Warner),1600年代他在君士坦丁堡居住了近20年。他的华纳遗产馆保存着诸多稀有的出版物,例如14世纪早期的伊布·哈兹(ibn Hazm)的《圣灵的指环》(Tawq al-hamama),以及9世纪的《穆罕默德·伊本·贾里尔·塔巴里编年史》(The Annals of Muhammad ibn Jarir al-Tabari)的第三卷。——译者注
[2] 指莱因哈特·皮特·安妮·杜齐(Reinhart Pieter Anne Dozy),其姓名可简写为R.P.A.杜齐。

大图书《荷兰海外属地自然史》(*Natuurlijke geschiedenis der Nederlandsche overzeesche bezittingen*),该书由 C.J.特明克(C. J.Temminck)等作者编写。这次排版实践开启了其后博睿东亚出版传统的序曲。

还有一些出版物也反映了博德尔对历史的兴趣。诸如由纪尧姆·格罗恩·范普林斯特(Guillaume Groen van Prinsterer)编写的重要史料集《奥兰治-拿骚家族档案》(*The Archives de la Maison d'Orange-Nassau*)。博德尔和格罗恩保持着密切的关系,他自己也在为这部卷帙浩繁的史料集做索引。博德尔的宗教观更接近其朋友的宗教观,或许他也由此成为当时的宗教复兴运动(Réveil)的信奉者。格罗恩的《怀疑与革命》(*Ongeloof en Revolutie*),更大程度上是为"上帝、荷兰王国和奥伦治王朝"所唱的赞歌。1847年这部书由博睿出版。诗人艾萨克·达科斯塔(Isasc da Costa)从犹太教皈依后,是奋兴运动(Réveil)的杰出代表,也在卢奇曼斯出版过一些著作。

因此,一个出版社明显以各种方式受到外部世界的影响。它更是一种集合了当代各种运动的媒介。博德尔是那个时代的人物,尽管和达科斯塔一样,他反对"时代的精神",和格罗恩·范普林斯特相同,他也是一个保守派,厌恶法国革命的传统。其生于1726年的祖父约翰尼斯想必很难理解其孙所处的19世纪的环境。尽管历经这些变化,卢奇曼斯公司依然保持着自己的风格,与世俱进,稳步发展。

新人

更多的变革迫在眉睫。正如1831年的一份文件所记载的那样,1829年7月1日以来,19岁的埃弗特·扬·博睿一直在公司工作。显然,这个年轻人已经给人们留下了良好的印象。塞缪尔和约翰尼斯·卢奇曼斯公司想加强其与商界的联系,他们决定,"向 J.博睿先生[①]的这个儿子支付报酬以鼓励他,从

---

① 指约翰尼斯·博睿。——译者注

> Monsieur Bohte à Londres.　　　　　　　Leyde, le 1ᵉʳ Janvier 1821.
>
> Monsieur!
>
> Nous avons la satisfaction de vous informer, que Mr. J. T. BODEL NYENHUIS, petit-fils de feu Mr. Jean Luchtmans, vient d'entrer comme Associé dans nos Affaires.
>
> Nous osons nous flatter Monsieur, que cet évènement contribuera efficacement à cimenter les liaisons subsistantes entre nos maisons, et vous prions de vouloir prendre note de la signature du dit Monsieur, laquelle, et celles de Madame Luchtmans et de Mr. J. Brill comme fondé de pouvoirs, seront les seules valables.
>
> Veuillez agréer les assurances très sincères de notre considération distinguée,
>
> Monsieur!
>
> Vos très-humbles Serviteurs,
> S. & J. LUCHTMANS.
>
> SIGNATURE
> de Madame Luchtmans,　　_S. J. Luchtmans_
> — Monsʳ. Bodel Nyenhuis,　_S. J. Luchtmans_
> — — — Brill, par pros.

1821年的一封通告信件，宣布J.T.博德尔·尼耶胡斯已经加入卢奇曼斯公司。LA/ULA

1829年7月1日起，他每工作两年就向他支付150荷兰盾，并继续支付两年，充分相信在J.博睿的训练下，他的儿子已经满足了人们的期望，并会一直有出色的表现"。

博德尔说得头头是道，不过事实证明，小博睿的表现远超预期，博德尔的信任和每两年150荷兰盾的报酬没有白白付出。在其父亲的指导下，他拥有全面的专业技能，既是印刷商，又是出版商，还是书商。40多岁时，他甚至已经出版了许多带有个人标记"E.J.博睿"的图书。1846年，他负责出版一本有关荷兰东印度属地的法文图书，作者是国家自然历史博物馆的馆长C.J.特明克，他也是不久前才由卢奇曼斯出版的、关于荷兰属地的典范图书的负责人。显然，埃弗特·扬有意自立门户，但是人们还是期望他能继承其父的衣钵，出任卢奇曼斯公司的经理。

如本章开头所述，1848年是革命年，事情发展到了顶点。或许当时的事件促成了博德尔从公司退休的决定，他想把自己的全部精力都投入到对知识的追求中,不过他的一些话也表明公司的利润已经下降了。老博睿已经表态,他想在舍本策尔村(Scherpenzeel)享受一种平静的生活。人们料想埃弗特·扬将会继承他父亲的职位,靠自己的团队接手卢奇曼斯公司,但这并非定局:博德尔起初想把公司卖给阿姆斯特丹的著名书商弗雷德里克·穆勒(Frederik Muller)。

后者拒绝这个提议,25年后还在疑惑"在那倒霉的或者是恰当的一小时内"他是否应该这么做。没有其他人或机构表示对公司感兴趣,公司最终被转让给了小博睿。尽管并不清楚转让费用等细节,但考虑到两位博睿为公司服务的纪录,可以推断塞缪尔和约翰尼斯·卢奇曼斯公司提出的条件并不苛刻。即便如此,估计埃弗特·扬·博睿还要承担相当的财务责任。他的自信不仅体现在做出接手公司的决定,还体现在决定从此用自己的名字经营公司。博睿旨在证明自己,他并不想完全依赖卢奇曼斯公司昔日的辉煌。

卢奇曼斯档案

卢奇曼斯公司的档案几乎涵盖1683—1848年的整个时期,这些档案是荷兰图书贸易史的珍贵史料。荷兰再无其他档案记载如此漫长的历史时期,而且涵盖了图书贸易的方方面面。哈勒姆[①]的恩斯赫德(Enschede)公司18世纪的部分档案也得以保存下来,但它只覆盖了一个较短的时期,而且还不完整。此外,当时的恩斯赫德公司还不是一家国际书商,它主要从事报纸的印刷和出版,即《真诚的哈勒姆新闻报》(*Oprechte Haarlemsche Courant*)。卢奇曼斯公司的档案现保存在阿姆斯特丹大学图书

---

① Haarlem,荷兰阿姆斯特丹西部的一个城市。——译者注

馆特藏部，各类档案资料排列长达 11 米。这里我们只介绍其中最重要的内容。

首先看到的是 31 卷被保存下来的所谓的"书商账簿"或"书商债务账簿"。除第一卷记述 1683—1697 年这一时期外，其他各卷记载了 1697—1845 年的连续时期。这些账簿记载了卢奇曼斯公司和国内外书商进行的各类交易。商人们相互购买图书，也互相代销。莱顿的公司销售其他书商出版的图书，这些书商也销售卢奇曼斯公司寄售的图书。

实际上，在这些账簿中能找到 18 世纪所有知名图书贸易公司的名称。卢奇曼斯公司和德国、英格兰、法国、意大利、荷兰南部、瑞士等地的外国公司都保持着联系。在这些书商账簿中，每一家公司都有一个记账户头，所有的提取和赊购行为都被记录下来。基于这种相互间的信任，书商之间的关系常常会得以延续。有时交易行为要经过很长一段时间才能兑现，但它不一定涉及现金。图书的易货贸易是常见的一种结账方式。在 1741—1788 年间，这些交易行为也被记录在一系列的"交易账簿"中。

涵盖 1706—1806 年间相关事务的一系列"拍卖账簿"展现了卢奇曼斯的商业关系网络。书商们通常通过拍卖来购买图书，拍卖主要发生在荷兰境内。书商们不仅购买图书，还购买图书的版权。版权是印刷一定数量图书的权利，人们希望这种约束能阻止一些盗版行为；可以转让，还能使一定数量的重印合法化。拍卖账簿不仅记录拍卖中的各类采购行为，还记录卢奇曼斯公司出版一些新书的各种开支，不管是否与其他公司合作，都记录在内。如购买纸张、运输等成本，付给印刷商的费用、翻译费、校对费，以及制版费等，出版商支付的所有费用都被精心记录了下来。

与个人客户的交易可以在所谓的"私人账户"，又名"私人债务分类账"，中找到。这些账簿有 9 卷，记录时间从 1702 至

1842年。这些账簿记录了个人消费者买书的情况，通常以一年期的未结账目的形式记录。从这些分类账簿的记录上，就能辨认出经常光顾卢奇曼斯的顾客，也能知道客户的构成。不幸的是，并非所有客户都有能力还债，他们也不一定都来自像莱顿一样的大学城。如1714年，塞缪尔一世发现，其应付账款已超过2200荷兰盾，但超过三分之一的钱都不得不作为"坏债"注销。

日常开支以及其他一些账务也被记录在现金簿里，而1714、1747和1810三年的三张资产负债表显示了公司的固定资产和流动资产。仓储记录则登记了库存的图书。向外发出的邮件也都有记录。此外，档案中还有大量未装订的文件，如合同、内部信件和笔记等。许多图书目录，有印刷的，也有手写的，都被保存了下来，这符合人们对一家出版社档案的预想。最后，还有一些前面提及的旅行日记等珍藏品，在这些日记中，塞缪尔二世和约翰尼斯记录了他们在国外旅行的经历。

从莱登到阿姆斯特丹

1848年并非旧公司和新公司之间的严格分界线。卢奇曼斯最后的书商账本也包含了埃弗特·扬·博睿所做的记录，这是旧公司停业清盘后做的记录。卢奇曼斯的大多数后期档案都是19世纪初公司搬家后积累下来的，被保存在位丁雷奔堡78—80号公司的建筑里。博德尔·尼耶胡斯依旧住在雷奔堡69B的老房子里。1852年，他又兼并了隔壁的69A地产，以扩大其收藏，如印刷品、地图和图书收藏等。1800年以前的档案大概一直都存放在他的家中。从他所做的各种评论中就能看出来：他沉浸于历史之中，经常埋首于这些故纸堆中。

1872年1月8日，博德尔·尼耶胡斯去世。他一生结婚两次，但两次婚姻都没有孩子。1866年6月22日，在第二个妻子去世后，他立下了遗嘱。在遗嘱中，他要把自己独特的印刷品和地图等收藏品遗赠给莱顿大学。剩余的藏品则留给了他已故的

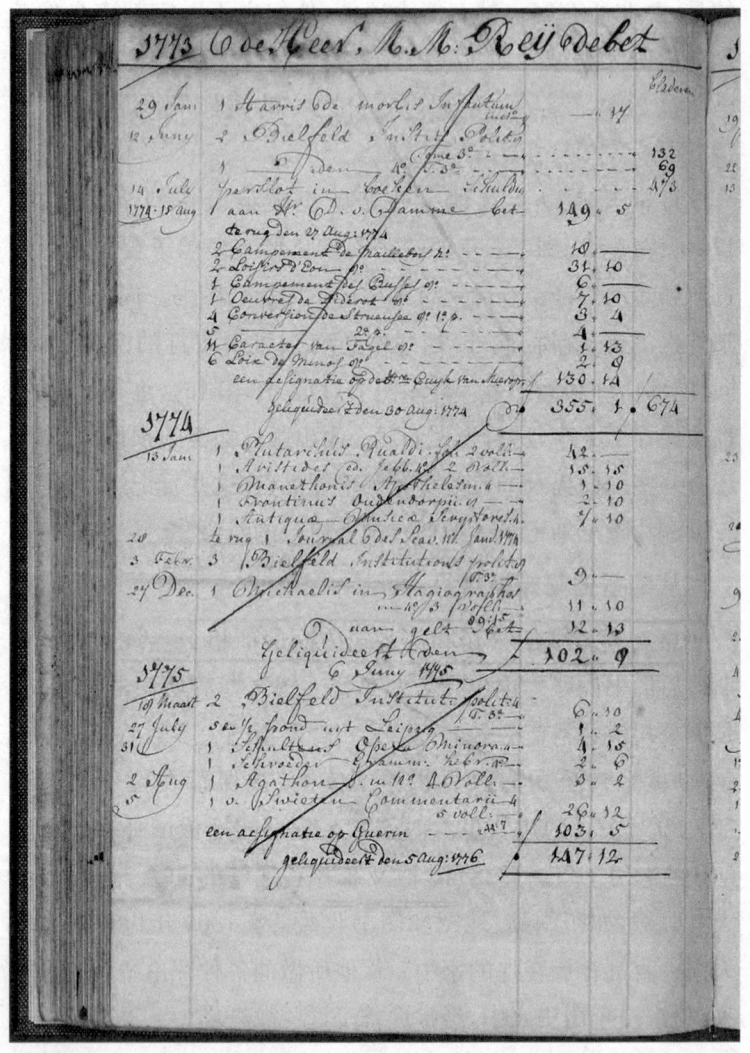

1773年卢奇曼斯公司的书商账簿：阿姆斯特丹书商马克·米歇尔·雷伊（Marc Michel Rey）的债务记录，款项支付后未付账目被划掉。LA/ULA

姐姐凯瑟琳娜·乔安娜(Catherina Johanna)的孩子,凯瑟琳娜是路易·皮埃尔·宾法伊特(Louis Pierre Bienfait)的遗孀。他的外甥和遗嘱执行人亨利·宾法伊特(Henri Bienfait)除了继承一块金表和一个钻石领带别针外,还继承了一批家族文件,这些家族文件可能包括截至1800年的卢奇曼斯公司最早的一批档案。弗雷德里克·穆勒在博德尔的讣文中提道:博德尔把家族最古老的文件留给了他的亲属。

1870年左右的J.T.博德尔·尼耶胡斯。Brill Coll.

不久,1800至1848年期间的档案最终到了宾法伊特在阿姆斯特丹萨法提斯特拉特(Sarphatistraat)的家里。这部分档案的移交可以追溯到1883年,这与莱顿博睿公司的搬家有关。埃弗特·扬·博睿在1871年底去世,六周后博德尔·尼耶胡斯也去世了。博睿死后,公司由阿德里安·范奥尔特(Adriaan van Oordt)和弗朗斯·德索佩拉(Frans de Soppellar)接手。以下的章节将讨论这两人的情况。卢奇曼斯的档案或许在1883年转手给亨利·宾法伊特,当时公司从雷奔堡搬至老莱茵河路新址。

1885年宾法伊特死后,其子联系了"图书贸易促进会"(Association for the Promotion of the Interests of the Book Trade)。协会正在收集荷兰图书贸易的史料,这引起了小宾法伊特的注意。他愿意把"卢奇曼斯这家著名公司"的档案移交这个组织。促进会心存感激地接受了捐赠,不过他们提出对资料的四个部分进行销毁,因为(它们)没有价值。这四个部分的资料是1782—1839年间的日常记录,包括向外寄送的信件的草稿,1801—1848年间收到的各类书商的48包信件,还有19世

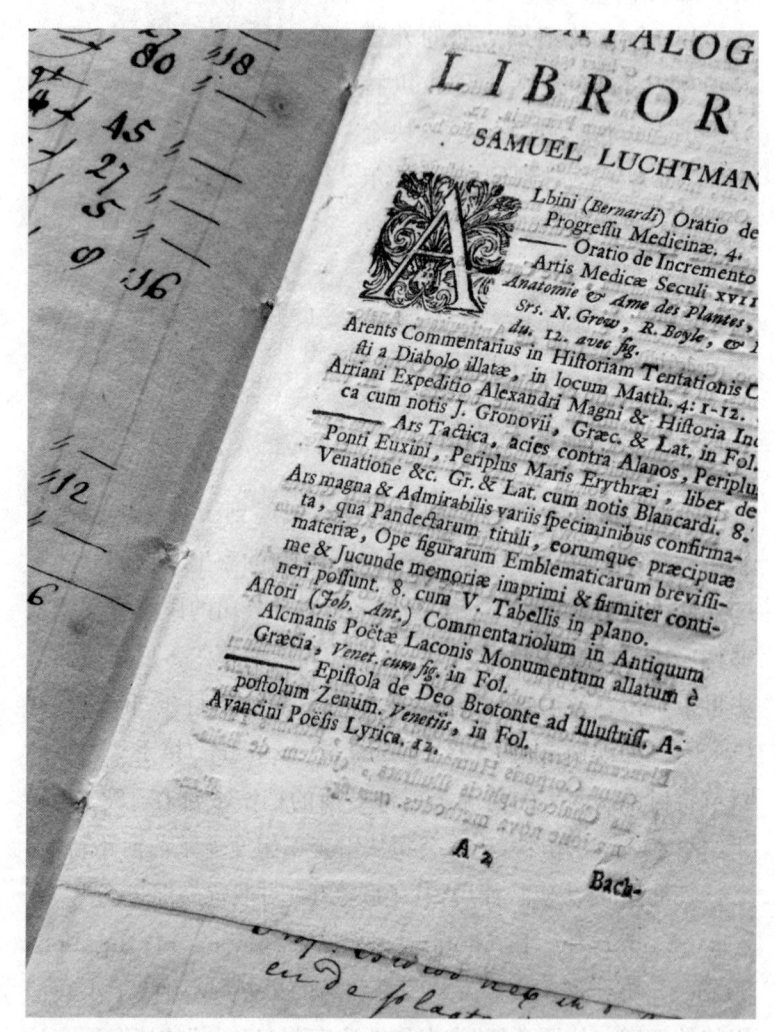

1714年目录，该目录上有塞缪尔·卢奇曼斯一世所做的注释。LA/ULA

纪上半叶的许多收据。幸运的是，宾法伊特反对销毁这些日常记录和信件，因此最终只有一包收据被扔掉。

　　1958年，"促进会"更名为"皇家荷兰书业协会"（Royal Society of the Dutch Book Trade），协会把其全部藏品借给了阿姆斯特丹大学图书馆。2005年以来，包括卢奇曼斯公司档案在内的这些藏品组成了一个"图书贸易档案资料馆"。这些档案现存于阿姆斯特丹乌德图尔马克（Oude Turfmarkt）的大学图书馆特藏部。

1848—1896 年：E.J.博睿公司

新旧时代之间（1848—1871）：埃弗特·扬·博睿

　　塞缪尔和约翰尼斯·卢奇曼斯公司以一场轰轰烈烈的图书销售活动向世界告别。这家公司处置了所有的存货，这些存货已经在商店和仓库堆放了一个半世纪，这种处置是空前的。1848—1849 年卢奇曼斯公司的拍卖是荷兰图书贸易界的一次盛会。埃弗特·扬·博睿承揽了这些组织工作。这样，作为一个新的企业负责人，又有了额外的任务，即处置其前任们的遗产。毫无疑问，在开列拍卖清单时，他把自己想要的图书挑了出来。可以说，他是根据内幕消息行事的。博睿基本没法接手卢奇曼斯公司所有库存图书。这么做将会让他背上沉重的财务负担，更不要说还有许多滞销图书。

　　1848 年 10 月至 1850 年 4 月间，连续举办了四次拍卖会，卢奇曼斯库存的装订图书在这些拍卖会上卖出。首次拍卖会的收益主要用于解决债务问题，支付公司最后时期的运行费用。1849 年 8 月 20 日开始的拍卖会拍卖未装订图书，这次拍卖会在阿姆斯特丹辛格（Singel）的奥登（Odeon）大厦举行。这场大规模的文学盛会是由阿姆斯特丹的商人拉丁克（Radink）、范凯斯特伦（Van Kesteren）和博睿共同组织的。参加拍卖会的人很多，对此最感兴趣的是一些知名书商，如弗雷德里克·穆勒、马蒂努斯·尼霍夫（Martinus Nijhoff），还有范克莱夫（Van Cleef）兄弟。甚至德国和法国的书商也专门来到阿姆斯特丹参加拍卖会。

目录中除了卢奇曼斯最近出版的图书外，还有18世纪出版的图书，那些图书一直被认为已经绝版。拍卖会上确实还有一些1730年出版的贝尔第四版《历史评论词典》，这是前面提及的由塞缪尔一世和一些阿姆斯特丹书商合作的一项宏大出版项目。目录上共有3000多个品种的图书，其中540种图书的版权归卢奇曼斯所有，还有2634种图书没有版权。若以装订好的图书来估计，这一大堆印刷散页约相当于5万册图书。

令人失望的销售

拍卖会上提供的大量未装订图书令人震撼，但销售额却颇令人失望。许多图书的销售并不像人们所预期的那样好，大约755种图书不得不被撤下，因为没有人对这些书感兴趣。卢奇曼斯有许多滞销图书，这些书甚至都很难送出去。1849年，18世纪学术界的纪念物还没有达到珍贵古董的地位，这些物品只能换来几便士或几毛钱。扣除拍卖的佣金，净收益达到25464.44荷兰盾，这在当时是很大的一笔钱，但还是少于卢奇曼斯后代所希望的收益。一半的收益归博德尔·尼耶胡斯，另一半归他的外甥。直到1850年8月，博睿才得以通知博德尔，所有的商务活动终于结束，所有的债务都被付清。不幸的是，还有许多"坏账"，其中的许多无法收回，不得不注销。

博睿自己也是阿姆斯特丹拍卖活动的投标者。这是他第一次和与业界的大人物竞争，尽管只是作为一名小玩家：他总共买下97种书。他可能没有钱买更多的书，但他想不想买其他的书也是一个问题。他有意打造自己的出版目录，对卢奇曼斯的滞销商品毫无兴趣。他买下了48种图书的版权，但其中三分之一的图书都是18世纪出版的学术图书，没有多少商业价值。1747

年塞缪尔一世出版的阿尔比努斯（Albinus）的医学图书是最让人感兴趣的一本书，这本书的版权更老，可以追溯到乔达安·卢奇曼斯时代。在他买下的版权图书中，有三十多种是卢奇曼斯出版时间不太长的图书，主要涉及古典语文和神学领域。阿拉伯文的出版物将成为他自己打造的图书目录的重要组成部分，但是这些书并不在卢奇曼斯的遗产里：最近许多年里，博睿已经开始以自己的名义出版一些阿拉伯文图书。他确实买了一本阿拉伯学学者R.P.A.杜齐的作品。未来几年里，这个作者将为他打造自己的出版目录做出重要的贡献。购买其他近作的行为似乎也是为了与部分作者拉近距离。

从19世纪初直至1883年，E.J.博睿公司位于雷奔堡路78—82号。Brill Coll.

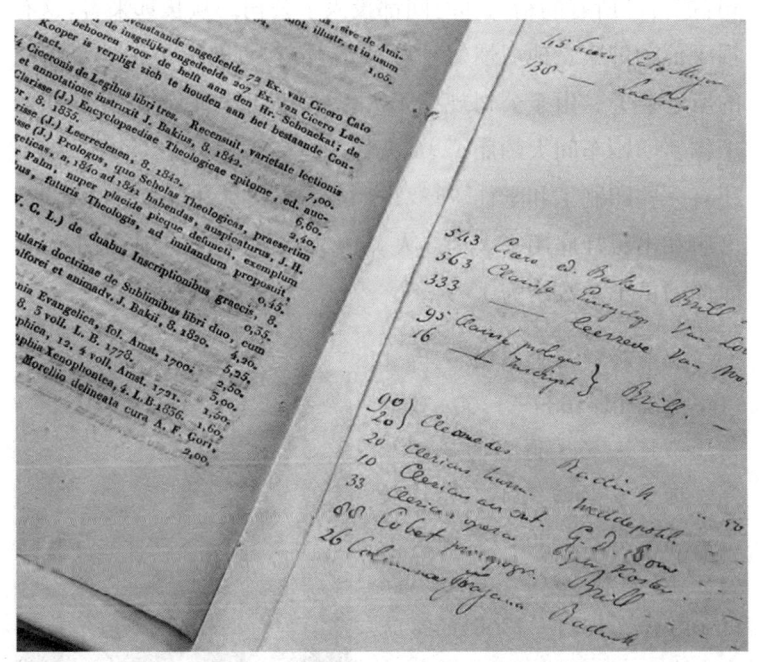

在这本目录中，E.J.博睿记录了他在 1849 年拍卖会上买到的图书。LA/ULA

献身于图书事业

博睿是一个印刷商和出版商，此外，他还经营着自己的图书贸易公司兼古旧书店。接手公司后，印刷厂已经被并入公司，但是博睿的经营风格与塞缪尔和约翰尼斯·卢奇曼斯公司的经营风格并无明显的区别。很难想象公司发生突然的变革，因为博睿就是在这里入行，甚至最后几年还管理着公司。即使这样，他并不想在原来的基础上继续发展，可以说，他一只脚站在过去，一只脚站在未来。和博德尔·尼耶胡斯比较，尽管他只比前任年轻 15 岁，但他是新专业主义的典范。在有生之年，博睿将不会看到蒸汽机被引入印刷行业，但相比他的前任，他更像一个 19 世纪的企业家。

埃弗特·扬·博睿的一生似乎都与 E.J.博睿公司的事业联系在一起。他是个单身汉，20 多年来，他把一切都奉献给了公司：把自己所有的精力和时间都投入了公司。从长远来看，这有损于他的健康。他习惯每件事都亲力亲为，熟悉公司三个部门的所有业务。由于公司规模不大，一个人可以管理方方面面的工作。印刷车间大约雇了10人：1个监工，2个或3个排字工，还有一些印刷工和学徒。1871年的一份家具和设备清单表明，书店和出版社雇用了大约5人。19世纪50—60年代，E.J.博睿雇佣的员工总数约为15人。

业余神学者雅各布·博睿（Jacob Brill，1639—1700）可能是埃弗特·扬·博睿的一个祖先。这位莱顿的织布工和传教士是泽兰省（Zeeland）牧师庞蒂安·范哈特姆（Pontiaan van Hattem，约1641—1706）的追随者。在正统圈子里，这位传教士因其神秘的虔诚主义而声名狼藉，这与斯宾诺莎的思想有些关系。范哈特姆和他的追随者强调个人与神的交流，并拒绝原罪。这种态度在当时的归正教会中被视为一种诅咒。雅各布·博睿也是这种虔诚和不墨守成规的思维方式的专家。他去世5年后，1705年出版的一本书中阐述了他的宗教思想。哈登派（Hattemists）最激烈的反对者之一是另一位泽兰人，即牧师兼诗人卡洛斯·图曼（Carolus Tuinman，1659—1728）。他对雅各布·博睿没有正面评价：

博睿是什么样的牧师，他的作品将向读者展示：在这里，他将所有教派抛在脑后，并展示走出巴别塔困境的出路。

……他的体内有一个自由思想者，他以欺骗方式试图将自己隐藏在胡言乱语中。他的书，无论多么模糊，都可以提供眼镜。这让我们清楚地看到地狱的秘密。

1710年,博睿作品的德文版以"和平之路"(Der Weg des Friedens)为标题出版。德文版包含带有赞美诗的卷首版画,如图所示。同情者称赞作者为一位为提供了一种摆脱巴别塔般的信仰冲突混乱的方法的牧师。

变化中的时代

博睿稳扎稳打,以成就自己的事业。时代的变化也有利于其事业发展。荷兰在经历长期的休眠后,逐步苏醒,也开始犹豫着步入复兴时期。

1866年的埃弗特·扬·博睿,时年55岁。Brill Coll.

发展的关键阶段在1870年后,但这一发展阶段却开始于此前数十年。在昏昏欲睡的莱顿也能感受到现代的氛围:驿马车和马拉驳船不得不让位于蒸汽火车。多次重印的尼古拉斯·贝茨(Nicolaas Beets)的《暗箱》(*Camera Obscura*,1839)记述了莱顿社会的急剧变化:贝茨描述的那种令人心醉的小世界已经成为过去时代的缩影,成为人们怀旧的对象。人们或许会把贝茨视为荷兰的查尔斯·狄更斯,后者把其文学上的成功部分归功于同样的原因。社会快速的现代化也伴随着人们对图书的强烈需求,1850—1880年间,荷兰印刷厂的数量增加了两倍多。科学也充满了时代精神,随着建校300周年纪念日的临近,莱顿大学也焕发了生机。新发现层出不穷,新学科相继诞生,国际学术交流也日益增多。

在这一关键时刻,作为旧时代向即将到来的新时代过渡时期的人物,埃弗特·扬·博睿显得特别突出。他是卢奇曼斯时代的最后一位代表人物,同时又是一个新时代的开拓者。1853

年以来，他一直是莱顿市和莱顿大学的印刷商，就像1730年以来的卢奇曼斯家族一样。这个职位仍具一定的地位，并能带来论文、演讲、讣告印制等常规业务。拍卖私人藏书仍然是一项重要的副业，每年平均拍卖两次。博睿定期向莱比锡的图书博览会运送图书，尽管没有任何迹象表明他曾参加过博览会。在这方面，相比塞缪尔·卢奇曼斯那个时代不得不依靠颠簸的驿马车，火车让这段旅程变得舒适得多。

博睿的出版目录

博睿依靠莱顿古典学家C.G.科贝特(C.G.Cobet)和J.贝克(J.Bake)等人的出版物，继续着卢奇曼斯的古典语文学出版传统。然而，与前辈的书目相比，古典语言在他书目中并没有那么重要，部分原因是1850年以后，作为学术语言使用的拉丁文越来越过时了。这种发展又被一系列应用于高级中学的古典文本一定程度上抵消了，这是《中等教育法案》(Secondary Education Act)实施的结果。古典研究领域的一个新现象是《记忆女神》期刊(*Mnemosyne*)[①]的出版。该刊1852年由科贝特创办，博睿出版。150年后，仍由博睿出版社出版。

此时，期刊正强势崛起，这一增长性的市场对出版社的吸引力很大。博睿开始出版更多的期刊，诸如大学的《学术年鉴》(*Annales Academici*)、荷兰文学学会的会刊和自然史博物馆的会刊等。因为他与博物馆的关系密切，又带来了来自博物馆的许多重要出版物，如J.A.赫克洛特(J.A. Herklots)的《荷兰动物种群资料》(*Bouwstoffen voor een fauna van Nederland*, 3卷本，1853—1866)，以及C.G.C.莱因沃特(C.G.C.Reinwardt)的《东印度洋植物》(*Plantae Indiae Batavae Orientalis*, 1856—1857)。与国家植物标本馆(Herbarium)的类似联系促成了E.L.布卢姆(E.L.Blume)所著的插图本《卢格杜诺-巴塔武姆植物

---

① 摩涅莫辛涅，希腊记忆女神，九位缪斯之母。——译者注

博物馆》(*Museum Botanicum Lugduno-Batavum*，2卷本，1849—1856)的出版。

多亏历史学者 R.J.弗鲁因(R.J.Fruin)，历史学科赢得了一种新的学术地位，历史专业成为博睿出版目录中重要的组成部分。荷兰语言和文学也是如此。威廉·杰拉德(Willem Gerard)是埃弗特·扬的哥哥，他是乌得勒支大学这一学术领域的教授，一生著述颇丰。他的许多著作被其弟弟出版。直到20世纪，威廉·杰拉德·博睿的《荷兰语语法》(*Hollandsche Spraakleer*)还是荷兰语言和文学专业学生的必备书。该书第一版是1847年卢奇曼斯出版的，显然博睿决心不惜一切代价取得该书，他哥哥的语法书是他在1849年拍卖会上所拍得的最贵的一种书。

威廉·杰拉德·博睿(1811—1896)，乌得勒支大学荷兰语言和文学教授。Brill Coll.

奇怪的文字

博睿的出版物涵盖人文学科的许多领域，但他个人的思想倾向却十分独特。他的想法反映在他1855年出版的《主祷文十四篇》(*Het Gebed des Heeren in Veertien*)之中。博睿用14种语言出版主祷文，使用了所有他能使用的外国字母，有希伯来文、阿拉姆文、撒马利亚字母(Samaritan)、梵文、科普特文(Coptic)、古叙利亚文(Syriac)、阿拉伯文、波斯文、塔塔尔文、土耳其文、爪哇文、马来文、希腊文，其中一些语言使用几种变体。这部小册子不仅是印刷工手头奇特文字的字体样本，更是一种意图的宣示，或许还是出版商的个人祈祷书。博睿要让人们知道，他要使用其他出版商不使用的语言来从事出版。这样，他就为其后继者至今仍在建设的事业奠定了基础。

当然，卢奇曼斯也用阿拉伯文出版过图书并出版过关于阿拉伯文的图书，但也是偶尔为之。如前所述，19世纪最后25年，出版社开始系统出版来自华纳遗产馆的阿拉伯文手稿。这些图书由约翰尼斯·博睿印刷，卢奇曼斯出版。这样，埃弗特·扬年轻时就得以接触阿拉伯文。这是他年轻时的爱好，老年时更加珍惜年轻时养成的这种爱好。1854年，在这种热情的驱使下，他参加了一项著名的教育实验项目，即高级中学阿拉伯文语法图书的出版。该书作者是J.J.德盖尔德（J.J.de Gelder），他希望把阿拉伯文作为学校的一门常规课程来推广，但该实验项目并未成功。

受到这一时期在莱顿大学工作的著名阿拉伯学者的鼓励，博睿特别喜欢阿拉伯语。通过和R.P.A.杜齐和M.J.德戈耶（M.J.de Goeje）的合作，他为自己出版的东方学出版物赢得了声誉。尤其是杜齐，其著述颇丰，对摩尔人统治下的西班牙史研究尤为专业。来自不同国家的阿拉伯研究者合作研究一些文本版本，对博睿在国外赢得阿拉伯出版商的声誉做出了贡献。这种长期项目的国际合作也将成为以后阿拉伯文研究的特点。

在博睿的有生之年，阿拉伯文出版物在博睿的出版目录中已经司空见惯，但在其出版主祷文所用的其他语言的领域，他仍是一名先驱。例如，直到19世纪70年代，印度学才成为莱顿的一门专业，而博睿早在1851年就出版了有关梵文的图书。1856年，他出版了一部马来史诗，但直到他死后，印度尼西亚语言的研究才开始发展起来。如果那时他有中文和日文的字模，他将会印刷这两种文字的《主祷文》。不过，1858年莱顿大学获得了一套中文和日文的印刷字模。1864年，博睿用中文和日文分别出版了《大学》。这些文本由 J.J.霍夫曼(J.J.Hoffmann)编辑,他早在 1855 年就被任命为远东语言专业的第一个教授。三年后,博睿和莱顿 A.W.西特霍夫(A.W.Sijthoff)公司合作出版了霍夫曼的《用官方的汉字和日文字模印刷的日语语法》(*Japansche Spraakleer, gedrukt met's Rijks Chineesche en Japansche drukletters*)。1868 年,博睿单独出版了该书的英文版。这两本书也有开拓性质,预示着其后继者将推动中文和日文出版物的出版。

埃及学在莱顿有很久的历史,前面提及的系列图书《莱顿荷兰古董博物馆的埃及纪念碑》就已证明了这一事实。该书由卢奇曼斯于 1839 年启动,在博睿持续至 20 世纪初。然而,令人耳目一新的是,1866—1869 年博睿出版了威廉·普莱特的三卷本《埃及研究》(*Etudes egyptologiques*),并首次尝试在书中印刷埃及象形文字。作者自己设计了古埃及语印刷字体,随后在阿姆斯特丹的一家铸字公司把它们雕刻和铸造出来。

"在我还活着的时候"

20 多年的艰苦工作后,博睿决定让自己轻松一些。现在的情况允许他放松自己,因为生意很好,工作很少需要他的介入,或许他也可以以健康为理由退休。1871 年春,他组织了一场未装订图书的销售活动,销售的图书要么是他从拍卖会购得的,要么是他自己出版的。和往常一样,目录都寄送给了书商同仁。博睿在目录前言里解释了组织这次销售活动的目的:因为后继乏人,他想趁"自己还活着"时把公司事务安排好。他的话中暗含着焦虑,这是肯定的。此外,他还宣称,"我出版的有关东方语言的图书"已经从拍卖会上撤下。博睿不愿皇冠上的宝石旁落他人。

1871 年 3 月 14 日在阿姆斯特丹的一家展览馆举办了一场拍卖活动。博睿提供了 157 种图书,其中三分之一是他在 1849 年卢奇曼斯的拍卖会上购买的。F.波美(F.Pomey)18 册的《神秘的万神殿》(*Pantheum Mysticum*,阿姆斯特丹,1777 年),原

J.J.霍夫曼的《日语语法》(1868)中的插图。在莱顿大学第一个远东语言学教授霍夫曼的坚持下，1858年，殖民事务部（Ministry of Colonial Affairs）购买了一套中文和日文印刷字体。1868年出版的《日语语法》是E.J.博睿出版的首批日文图书中的一种。图中的表盘解释了日本的计时方法。Brill Coll.

来是以每册 3 个荷兰盾买下的，现在要以 1.25 荷兰盾的价格拍卖。令人担心的是，卢奇曼斯的一些卖不出去的图书在博睿的商店里也同样滞销。J. 贝克《论学者的公共角色》(Over de vertegenwoordiging der wetenschap, 1846) 的进价一直是 0.6 荷兰盾，而 1871 年的建议价格是 0.55 荷兰盾。博睿 1849 年购买的 280 册图书还剩下 96 册。植物学家 W.H. 德弗里斯 (W. H. de Vriese) 的《植物标本馆》(Oratio de re herbaria, 1845) 无人问津，1849 年博睿以每册 0.3 荷兰盾的价格买了 18 册，现在他想以同样的价格出售剩余的 15 册。

1871 年的拍卖目录。博睿在这本笔记中记录了他对拍卖师的指示。一些图书已规定了最低的价格，大多数图书有"出售"字样，表明这些图书可以任何价格出售。BA/ULA

　　拍卖的净收入不明，但其目的却很明确：博睿正在清仓甩卖，以减轻其负担。整顿好业务后，他的个人生活也趋于稳定：1871 年 5 月 4 日，他娶了科妮莉亚·赫米娜·迪贝茨 (Conelia Hermina Dibbets) 为妻。这次婚姻只维持了很短一段时间。同年 11 月 29 日，埃弗特·扬·博睿突然去世，享年 60 岁。

新时代（1872—1896 年）的人物：阿德里安·范奥尔特和弗兰斯·德斯托佩拉尔

　　1871 年 12 月 5 日，行业报纸《书店报》(Nieuwsblad voor den Boekhandel) 刊登了博睿遗嘱执行人马蒂努斯·尼霍夫和

N.H.德格拉夫（N.H. de Graaf）发表的一份声明。他们宣布已故的 E.J.博睿的书店和印刷厂将会在目前的基础上继续营业。但是没有博睿的博睿公司将会如何继续下去？死者已指定其两个兄弟继承公司：威廉·杰拉德，他是前面提及的乌得勒支大学荷兰语言和文学教授；和亨德里克·约翰内斯（Hendrik Johannes），他是绘图员，还撰写一些童书，并以此为专业，住在伍德里赫姆村（Woudrichem）里。经与博睿的遗孀协商，遗嘱执行人和继承人得出了结论：出售是最好的选择。

很快就来了一个买主，这就是阿德里安·皮特·玛丽·范奥尔特（Adriaan Pieter Marie van Oordt，1840—1903）。他原来是一个神学研究者，在完成学业后曾远赴美国，这在 19 世纪 60 年代还是一件冒险的事。返回荷兰后，他开始写作自己的博士论文。但不幸的是，一个德国神学家刚刚以一篇同样题目的论文获得了博士学位，范奥尔特只好放弃博士论文的写作，也没有去当牧师。他身体不好，可能使命感也不强，这让他不得不考虑其他选择。1871 年，结婚不久，他就定居莱顿并研究法律。然后，在成为法学学生的第一学期期末，适逢博睿出版社出售，范奥尔特随即决定改变其人生轨迹，试试自己在图书贸易领域的运气。

博睿的遗产

在 1872 年 2 月 15 日，范奥尔特有资格自称为博睿出版社的所有人。根据出售的约定条款，埃弗特·扬·博睿拥有雷奔堡路 68—70 号的地产（书店、住宅和出版社），还有屋后 74 号的地产（印刷厂以及一个通向另一条马路的独立入口）。三处地产合计售得 8000 荷兰盾。所有的铅字、字模、印刷机、纸张，以及印刷厂的其他设备也都一并出售，出版目录中的图书以及附属权利也包括在内。

应付和应收的账目，按照 1871 年 11 月 29 日——博睿去世的那天——的情况计算，都转交给了出版社新的所有人。书店

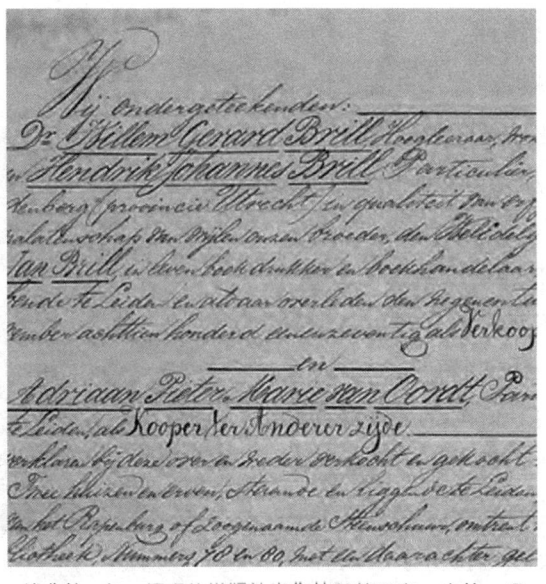

坎弗特·扬·博睿的出版社出售给阿德里安·皮特·玛丽·范奥尔特的契约，1872年1月21日。BA/ULA

的现金结余也一并转交给了范奥尔特，总计27.75荷兰盾。

所有的动产合计为3.2万荷兰盾，连同8000荷兰盾的地产在内，购买总价高达4万荷兰盾。办公家具——书柜，一张办公桌，三张桌子，一些椅子，两个炉子及其附件，一些梯子——价值150荷兰盾，需另外购买。为何如此处理，原因不明。范奥尔特同意于1872年2月15日首付2.5万荷兰盾（外加150荷兰盾的办公家具费用）。他每年要支付3000荷兰盾，在五年内付清剩余的1.5万荷兰盾。他要在1873年2月15日前支付第一笔款项。

购买契约第7条约定，范奥尔特在经营中有权继续使用博睿的名称，也可选择把这个名称与他自己的姓名合并使用。新的所有人并不认为有必要以他自己的名字来命名公司，而宁愿保留"E.J.博睿"这一公司名称。另一方面，第7条也约定，范奥尔特不能转让博睿这一名称的使用权，也不能把这一权利遗赠其后代。显然，其后几代人已不再知晓这一条款，严格地说，这一条款会使"博睿"这一名称无法被转让给今天的公司。

博睿精神

范奥尔特意外进入了图书贸易行业，因此，他要求他的朋友弗朗斯·德斯托佩拉尔（Fransde Stoppelaar，1841—1906）担任副手来帮助他。德斯托佩拉尔同样没有多少从业经验。他是德文特（Deventer）成立不久的一所国立高中的荷兰语教师，也是一本广泛使用的教学用书的作者。然而，他还是义无反顾地投身于朋友在莱顿的冒险事业，并中断了与东部上艾瑟尔省（Overijssel）的社会联系。根据1872年10月17日的合作协议，合作将有一个试验期，1873年12月31日到期。如果期间两人中的任何一人想退出合作，那么他将必须提前六个月书面通知另一位合伙人。否则，这个协议将会默认自动续约，通常是一次续约一年。时间将证明这是一份永久协议。

弗朗斯·德斯托佩拉尔（1841—1906）。BA/ULA

阿姆斯特丹书商弗雷德里克·穆勒因为和博德尔·尼耶胡斯的情谊，多年来一直和博睿公司保持着联系。起初他担心新主人缺乏经验，还担心他们达不到人们习惯的博睿和卢奇曼斯的高标准。穆勒甚至在行业出版物《荷兰书店通讯录》（*Adresboek van den Nederlandschen Boekhandel*）中警告这两个人：接手一家知名公司也意味着责任——"崇高的义务"（Noblesse Oblige）。

老一辈人的担心是多余的。尽管范奥尔特和德斯托佩拉尔并不认识他们的前辈，但他们成功地以博睿的精神来继续经营公司，这颇为难得。最初几年，他们用奉献和智慧弥补缺乏经验的缺陷。然而，他们接手的是一个被博睿打造并带着其印记和精神的成功企业。他们收获了博睿播下的种子所结出的果实，并继续沿着他制定的路线前行。范奥尔特和德斯托佩拉尔接手公司标志着博睿事业的继续，就像1848年博睿接手这家企业一样。

新主人也继续着博睿的拍卖活动。1872年1月8日，博睿去世还不到六周，博德尔·尼耶胡斯也去世了。1873—1874年，范奥尔特、德斯托佩拉尔和弗雷德里克·穆勒合作，共同举办了七场拍卖会。博德尔的大块地产也要拍卖。他的藏书以及没有被捐赠给莱顿大学的印刷品也被列入拍卖目录。图书拍卖会在博德尔位于雷奔堡路69号的住宅举行，这里从1697年起就一直归卢奇曼斯家族所有。在这个场合，拍卖者自己也买了一些商品，包括一部原属于卢奇曼斯家族的古老荷兰文《圣经》。根据习惯，历代人都在图书的衬页上记录家族的族谱。这样，博睿公司的新主人就可以以此来表达对传统和卢奇曼斯家族遗产的敬意。

阿拉伯研究

没有博睿家族成员的博睿出版社继续前行着，几个作者依然对这家出版社保持着信心。特别是阿拉伯学学者都很信任博睿出版社，他们了解并欣赏博睿出版社排字工和印刷工的技能。R.P.A.杜齐将要走完自己的人生历程，他在1877—1881年出版了一套令人印象深刻的两卷本《阿拉伯语词典增补本》(*Supplément aux dictionnaires arabes*)。他的学生M.J.德戈耶和后者的学生C.斯诺克·赫格罗涅保持着阿拉伯研究的传统，以及在博睿出版社出版其著作的传统。在那个年代，莱顿研究阿拉伯的学者和出版社保持着密切的联系，德戈耶本人就和德斯托佩拉尔私交甚好，此后他还为出版社工作过。1870年，德戈耶的《阿拉伯地理文献目录》(*Bibliotheca Geographorum Arabicorum*)第1卷出版，而E.J.博睿那时仍然在世。1894年，该书第8卷，也是最后一卷，出版。

《塔巴里编年史》(Annals of Al-Tabari)出版项目同样耗时很长。该项目最早是德戈耶发起的,要在1879—1901年间出版16卷。来自6个国家的14位阿拉伯学者参加了这一庞大出版项目,博睿出版社也承诺进行持久的投入。出版者不得不承担相当大的风险,这一里程碑式的出版物证明了出版者的勇气。到世纪之交,博睿实施的国际长期合作出版项目也为后来出版著名的《伊斯兰百科全书》(Encyclopaedia of Islam)打下了基础。

印度学和东印度

1865年,亨德里克·科恩被任命为莱顿大学第一个梵语教授。E.J.博睿自己也获得一套用于1851年一个出版项目的梵文字模,但是直到他死后,印度学才繁荣起来。科恩,还有其乌得勒支的同事W.卡兰德(W.Caland)同样也带动外国学者把他们的印度学著作交给博睿出版。范奥尔特、德斯托佩拉尔都认为把这一研究领域发展成博睿的一个专业正当其时。

在他的时代,E.J.博睿已经开始用马来文出版图书,但其继任者则大规模出版有关荷属东印度群岛的图书。时代精神再次在出版社结出硕果;荷兰殖民地对私人资本的开放也带来了人们对东印度群岛日益增长的科学和学术研究的兴趣。在莱顿出现了一种关注印度尼西亚手稿、文学文本和口头传统的新的语文学传统。

荷兰在殖民地的势力日益增长,其结果是,19世纪最后25年,对当地各种文字图书的需求增长迅猛。博睿不仅出版了马来语和爪哇语词典,还出版了一些不为人所知的群岛的方言词典,如马都拉(Madurese)、罗地(Rotinese)、通腾博安(Tontemboan)、贝尔(Bare'e)、多巴巴塔克(TobaBatak)等岛屿的类似词典。这样的出版目录充分反映了荷兰帝国的地理和人种情况。"皇家语言、地理和人种研究所"的成立也刺激了人们探索东方的科学兴趣。该研究所成立于1851年,最早位于代尔夫特(Delft),之后是海牙，最后于1966年迁至莱顿（现更名为"皇家荷兰东南亚和加勒比研究所"）。官方曾组织对印度尼西亚沿海地区和内地的数次科学考察，考察的成果由博睿出版社以多部丛书的形式出版。阿拉伯学者克里斯蒂安·斯诺克·赫格罗涅（Christiaan Snouck Hurgronje）在东方待了很长时间，其在1893—1894年出版的两卷本专著《亚齐人》（Atjehers）对人种学研究做出了重要贡献。

远东

范奥尔特和德斯托佩拉尔沿袭前辈的传统也开展汉学和日本研究。1877年，作为J.J.霍夫曼的继任者，G.施莱格尔[①]被任命为远东语言学教授。早在两年前，即1875年，范奥尔特和德斯托佩拉尔就购买了博睿在1860年出版其第一种中文和日文图书所使用的印刷字模。他们从殖民事务部购买了这批收藏品，为此花费了一大笔钱——3514.45荷兰盾。对一家新公司来说，这是相当大的一笔投资。但是拥有这些印刷字模也使出版社处于一种特殊的地位。从19世纪70年代中期起，施莱格尔和博睿出版社出版了一大批有关远东的图书，最终出版了一部具有里程碑意义的四卷本《汉语字典》（1886—1890）。外国作者也逐渐把其著作交给博睿出版，博睿成为欧洲不多的几家专注于这一领域的出版社之一。从1890年始，博睿出版《通报》（T'oung Pao），该期刊主要关注远东语言和文化研究，其副标题为"国际汉学"（Revue international de sinologie）。《通报》迄今仍然是这一研究领域领先的系列出版物，博睿还在继续出版。

中文和日文的排版都需要熟悉其文字。在为期6周的培训中，施莱格尔向博睿的第一批中文和日文排字工人介绍了中文文字的基本特点。1927年，因专攻远东文字排版而被称为"天皇"的首席排版师J.P.范杜伦（J.P.van Duuren）告诉鹿特丹记者

---

① 即古斯塔夫·施莱格尔（Gustav Schlegel）。——译者注

M.J.布鲁斯(M.J.Brusse)50年前他是如何被这位教授引入了神秘的中文世界的。1983年，汉学家E.齐歇尔(E.Zurcher)回忆了二战后不久，作为一个学生的他，是如何在莱顿结识了首席排版师P.W.马丁(P. W. Martijn)的。大约1912年，作为学徒的马丁开始在博睿工作，其后多年，他从范杜伦那里学会了中文排版技术。齐歇尔对中文排版依然保持着深刻的记忆："就像一个做道场的道士，在字模间来回移动，以一种不可思议的速度准确地从8000个字模中挑出任何一个汉字。"

新时代的精神

19世纪最后25年，E.J.博睿公司经历了一个混乱的发展阶段。在范奥尔特和德斯托佩拉尔的管理下，出版社赢得了国际声誉，这种声誉一直延续到今天。这种风格是(19世纪)50和60年代由埃弗特·扬·博睿确立的，他对那些奇怪的文字有一

1883到1985年，博睿公司一直位于老莱茵河路33号a，上图所示为公司建筑正面。这座宏大、入口颇为壮观的建筑最初是收容孤儿和贫困儿童的救济院的一部分。到了20世纪60年代，位于老莱茵河路的建筑难以容纳印刷工厂。1965年，印刷厂迁入莱顿市郊普兰坦街(Plantijnstraat)的一座新建筑内。出版社仍然留在旧建筑内长达二十多年，直到1985年，出版社才迁入新建筑。

种特殊的嗜好。其继任者在偏爱东方学的基础上，坚定地把公司向着东方学研究的方向发展。到 1900 年，博睿已经成长为一家以外国语言为专业的国际学术出版机构。博睿出版的学术期刊的数量也明显增加。此外，出版社也为荷兰国内市场出版了一系列图书，特别是荷兰语言、文学、历史和神学方面的图书。

范奥尔特和德斯托佩拉尔国际化经营的规模对埃弗特·扬·博睿来说是难以想象的。1870 年后，世界经历了人类历史上前所未有的全球化，欧洲帝国主义渗透到地球的遥远角落，自由资本主义兴盛，工业革命使工业制造和贸易发生根本性变化。出国旅行变得越来越容易，国际性的学术交流也越来越多。例如，东方学国际学术会议就会在一座欧洲城市召开。在这些会议上，阿拉伯研究学者、汉学家、梵文学家和其他国外学科的研究者聚会切磋。弗兰斯·德斯托佩拉尔定期参加这些会议，并由此建立了许多有益的联系。

新时代提供了不少新机遇，范奥尔特和德斯托佩拉尔知道如何充分利用这些机遇。从国外所获得的各种荣誉反映了他们所树立的国际声誉。1873 年，在维也纳世界博览会上，E.J.博睿公司以"东方学出版物"赢得了金奖。这个奖励可以被视为对已

这幅有平底拖船的照片大概拍摄于 1883 年或其后，其时博睿已迁至老莱茵河路。25 年后，艺术家 L.W.R.温克巴赫（L.W.R. Wenckebach, 1860—1937）以此照片为底本，为《每日新闻报》（Het Nieuws van den Dag）创作了一幅画。截至此时，这样的平底拖船已经变成旧时的风景。温克巴赫是他那个时代的知名插图画家，他向画面中加入了一座并未在照片中出现的小型吊桥。其实，那座桥还在稍远的位置，但为了创作，艺术家把它移到了前面。Brill Coll.

故的、以自己名字命名公司的博睿的一种认可。在 1878 年的巴黎国际博览会上，公司再次赢得一项金奖。1883 年，范奥尔特被意大利国王授予"爵士勋章"，以表彰他作为一个出版家所具有的卓越品质。1889 年，奥斯曼帝国苏丹授予他骑士十字勋章，同年，他还被瑞典国王授予爵士勋章。德斯托佩拉尔把这些外国勋章让给了伙伴，但获得了荷兰狮子勋章。这样，卢奇曼斯的后继者们最终都超过了老彼得·范德阿，后者在 18 世纪初只获得了"圣马可骑士"的头衔。

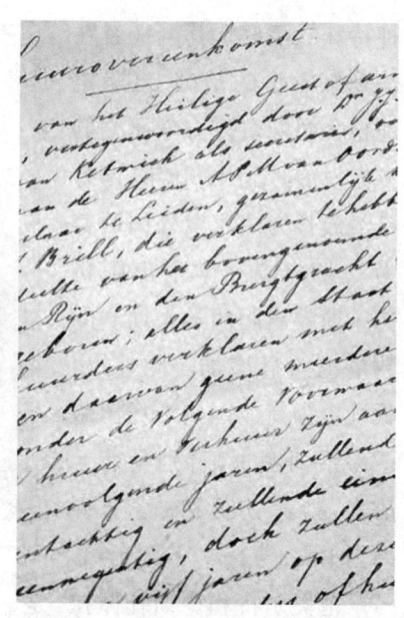

范奥尔特和德斯托佩拉尔从孤儿和贫困儿童救济院租借了这些建筑。图为双方签订的租借合同。BA/ULA

新的办公地

大约 1880 年，公司规模扩大，位于雷奔堡的办公场所已难以为正在发展的业务提供足够的空间。新的办公场所位于老莱茵河路 33 号 a 的孤儿及贫困儿童救济院旧址，1883 年春装修后，公司迁入这一办公场所。公司所有的部门，排字房、印刷车间、书店、古董书店、出版社，都在这所古老但宽敞的孤儿院旧址办公。面向大街的一层是储运部，这里存放着各类采购物资，向国内外客户发送出版社的图书。一层的背面是一个仓库，同时还安装着为印刷机提供动力的蒸汽机。这次迁移为博睿实现印刷机械的现代化创造了机遇。

以今天的标准来看，两部电梯也非常现代化。电梯由蒸汽驱动，向楼上运送纸张等重物。二层是经理人员办公区，同时也是排字房和印刷车间。阿拉伯文、中文、日文和其他外国文字的排版和印刷都在三楼的一间房子里。直到20世纪，"东方"著作仍旧手工印刷。

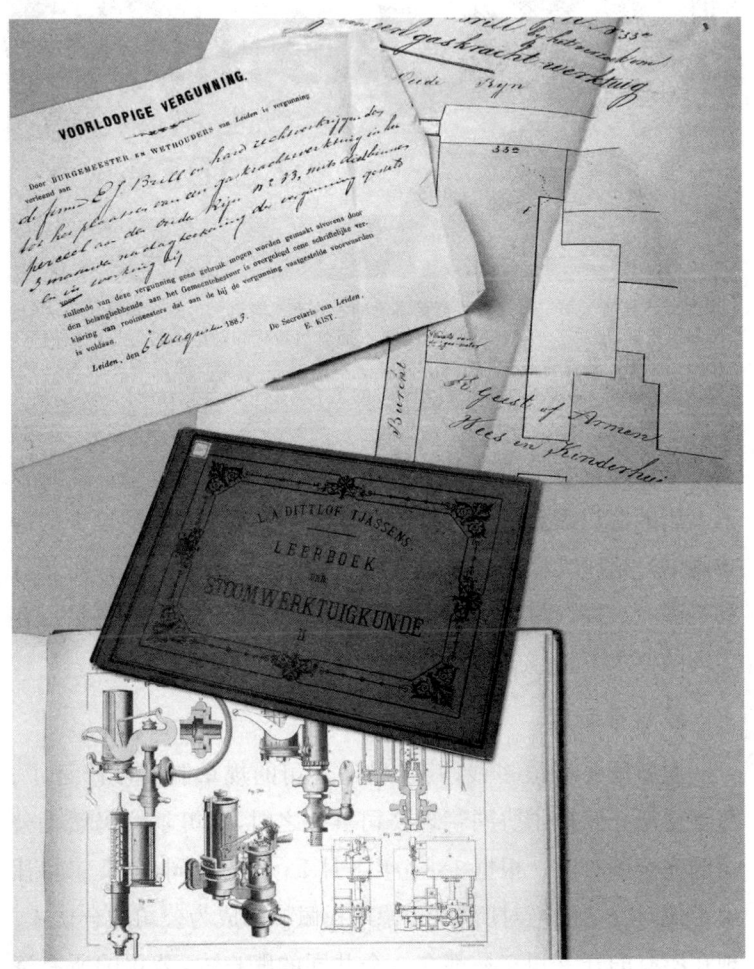

上图所示为孤儿院平面图。位于老莱茵河路的综合建筑，标出了蒸汽机的位置。莱顿市议会批准了这套装置的安装。BA/ULA

包括L.A.迪特洛夫·提贾森（L.A.Dittlof Tjassens）撰写的《蒸汽机手册》(第2卷，1882年出版）在内的技术出版物在博睿是例外。被用于展示蒸汽机原理的排版技艺十分纯熟。Brill Coll.

19世纪末博睿公司选择这种极富艺术感的名片来代表自己。图案背景是暗淡的图书俱乐部,增添了一种伦勃朗式的感觉,而公司名称和地址则被置于阿拉伯风格的图案内。前面的妇女半身塑像与其说是希腊的帕拉斯-雅典娜还不如说更像法国的玛丽安。这是由某位名为W.S.的艺术家在1885年设计的。BA/ULA

三楼还设有书店和新书展示室,并存储待售图书。参观古董书店的客户需要登上四楼,那里储存着市场需求量较少的博睿图书。这座大楼安装着煤气灯,但排字工和印刷工却对新灯具不满意。煤气灯发出令人不快的光,并产生过多的热量。在工人的要求下,重新安装了石蜡油灯。

新规章制度

搬新址要花很多钱,其结果是公司的规章制度被修订了。截至德斯托佩拉尔协同管理公司事务之时,范奥尔特仍然是公司的完全所有者。根据1881年1月23日的合同,范奥尔特让出了他对公司的绝对所有权,德斯托佩拉尔成为公司的合伙人。现在所有的开支和交易都在一个共同的账户内,公司的所有资产都被视为两人共有。德斯托佩拉尔的新身份或许是得益于他的姻亲为公司的搬迁提供了资金。他娶了克拉拉·卢洛夫斯(Clara Lulofs),他的小舅子扬·多克斯·卢洛夫斯(Jan Doekes Lulofs),阿姆斯特丹的银行家和股票经纪人,提供了资金。

新制度也促成了两位管理者的任务分工。因为身体不好，范奥尔特将主要负责一些行政工作，包括监督印刷和用纸预算。然而，章程强调，范奥尔特有权处理公司所有的事务。德斯托佩拉尔负责公司日常管理工作，但行政管理工作除外。

年度资产负债表要由两位合伙人共同签署。德斯托佩拉尔被赋予 2000 荷兰盾的优先股息，剩余利润由两位合伙人均分。

真境快乐园的学者

尽管有关阿拉伯的图书已成为博睿的出版特色，但当时莱顿的阿拉伯人不多。世纪之交，公司聘用了一个叙利亚人为一部阿拉伯专业图书排字，聘用为期一年，但他是公司所在地老莱茵河路罕见的阿拉伯人。大约稍早几年——1883 年，一个名叫阿明·伊本·哈桑·哈拉瓦尼·马达尼（Amien ibn Hassan Holwani al-Madani）的人拜访了博睿。他来自圣城麦地那，自称"真境快乐园的学者"。这夸张的头衔来自他过去任教的伊斯兰宗教学校。为了收集手稿，他走遍了整个伊斯兰世界。1883 年，当听到阿姆斯特丹将要召开世界博览会的消息时，他正在开罗。

对阿明·伊本·哈桑来说，这场全球性的集会似乎是一个出售手稿的绝佳机会，他认为这些手稿在欧洲卖比在开罗卖更值钱。来到阿姆斯特丹，坐在博览会场上的一张圆桌后面时，他感到无比兴奋。但不幸的是，没有一个参展者对他的文学手稿感兴趣。瑞典旅行者和东方学者卡洛·德兰德伯格伯爵（Count Carlo de Landberg）恰好来参加博览会，这给他带来了好运。兰德伯格让这位商人注意到了可能对手稿感兴趣的莱顿的博睿公司。这样，这位有学问的商人就拜访了老莱茵河路上的博睿公司。在这里，他受到范奥尔特和德斯托佩拉尔的恭敬接待。从商业的角度来看，这次访问颇为成功，因为出版商买下了他所有的 665 部手稿。然后，他们把这些手稿卖给了莱顿大学，后者把它们收入了华纳遗产馆。

这一年，第六届国际东方学会议在莱顿的召开，让这位阿拉伯学者在莱顿左右逢源。意外成为阿拉伯世界的代表的阿明·伊本·哈桑应邀参加了此次大会。他在一家开罗出版的报纸 Al-Burhan 上讲述了自己对这次大会的印象。他的文章又被斯诺克·赫格罗涅译为荷兰文，并在一本博睿出版的手册上发表。

这位真境快乐园的学者受到了主人的盛情款待，他显然非常享受自己受到的这种关注。西方学者对东方的好奇和兴趣令他吃惊。他从未想到在被物质主义腐蚀的欧洲会有这么多人痴迷于学术。至少有 300 位来自各领域的学者齐聚莱顿，他们中有印度学家、汉学家、亚述学家、埃及学家和阿拉伯学家。阿明主要参加阿拉伯学家的会议，他可以和这些阿拉伯学家轻松地交流想法。他是 60 位欧洲阿拉伯学家中唯一的阿拉伯人。

这些阿拉伯学家对阿拉伯语言和文学的了解给他留下了深刻印象，某种程度上，这甚至令他感到惊慌。鉴于他们热衷于学术，他担心这些西方学者将会掌握东方的知识："一旦欧洲人投身于一门科学，他们就不离不弃，而且还会投身科学的海洋，潜入海底寻求珍珠。"阿拉伯研究暗示着一种知识霸权主义，一个世纪后爱德华·赛义德（Edward Said）在其名著《东方学：西方对于东方的观念》（*Orientalism: Western Conceptions of the Orient*, 1978）中提出了这一观点。

铅绞痛和童工

1890 年，针对工厂和商店劳动条件的调查在全国展开。这一时期，工人们开始组织工会，作为政治运动的社会主义也越来越为人们所接受，社会问题成为重要的议题。1890 年 8 月 5 日，调查委员会对博睿公司的劳动状况做了调查。调查报告揭示了公司日常的经营活动。从今天的视角来看，有充足的理由来批评博睿的劳动条件，但是和其他印刷企业相比，博睿公司的工作条件还是相当好的。

36岁的阿拉伯文排字工彼得·德格鲁特·德布鲁因(Pieter de Groot de Bruin)被调查委员会询问工作时间。夏季，他每天工作10.5个小时，从早上6点一直工作到晚上7点，中间休息2.5个小时；冬季，他每天从早上8点工作到晚上8点，工作10个小时，其间休息2小时。按每周工作6天计，夏季工作时间达到65个小时，冬季有60个小时。这种安排和莱顿的P.W.M.特拉普印刷厂(P.W.M. Trap)相比还略好些，这个工厂夏季每周要工作70.5个小时，冬季则为63.5个小时。博睿的工资和莱顿其他从事图像艺术业务的公司一样高，或许还略高些。专门从事东方语言排版的排字工，如德格鲁特，每周工资有11荷兰盾，而普通排字工则有8至9荷兰盾，这取决于他们的技术。印刷工和排字工的工资一样多，而精通外国语言的专家工资更高。学徒每周工资约1.5至2荷兰盾。

这个调查委员会就公司的卫生状况询问了德格鲁特。他报告说，排字房经常打扫卫生，但铅字字盘很难保持干净。考虑到莱顿"大量存放铅字模"，根据他的看法，不可能把铅字字盘的灰尘打扫干净。因此，和所有排字房一样，博睿公司排字房的空气中也漂浮着大量的含铅灰尘，还有铅中毒——排字工人患的一种可怕职业病——也在莱顿发生过：

> 我曾经饱受持续胃痛的折磨，为此，最终还是去看了医生。从那时起我就一直用家庭常用的治疗方法来治我的病，因为我清楚这种病发生的原因。这是一种铅中毒，它让我感到无精打采，吃了东西后我还感到恶心。

德格鲁特还报告了一起铅中毒事件，他还说结核病也经常发生，尽管他不知道得这种病是否也与工作相关。缺勤的人很多："(印刷车间和排字房)共40个人，有9个人缺勤。"博睿公司向患病的工人支付周工资的 60%，在那个时代，这并非法定的责任。高级雇员多年保留职位，并能继续领到以前的工资。在没有养老金的时代，对员工来说，这确实是一种人性化的做法。德格鲁特引用了一个案例，一个印刷工曾在公司工作 67 年，那意味着他早在 1823 年时就被约翰尼斯·博睿招为学徒。年长的员工可以来去自由，只干一些轻松的工作。

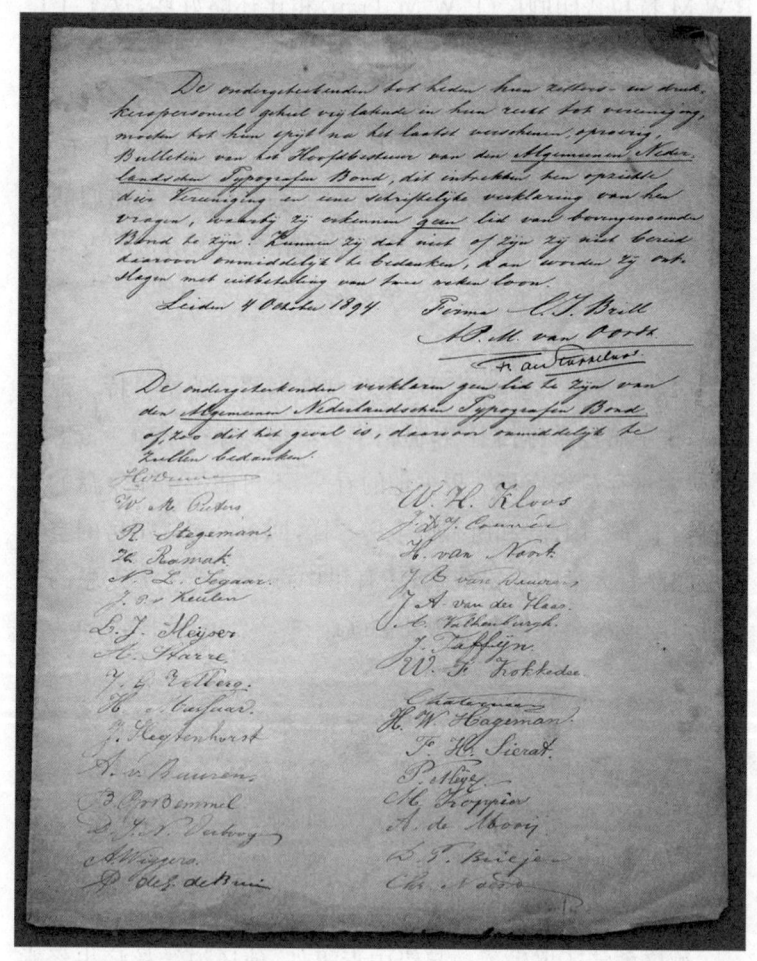

1894 年 10 月，范奥尔特和德斯托佩拉尔的严厉干预。他们对荷兰印刷工人总工会发布的一份"煽动性公告"颇有微词。他们承认其员工有权加入工会组织，然而作为雇主，他们不想让自己受欺侮。经理们要求印刷工和排字工签署一项声明，表明他们不是这个工会的成员。如果工人不签署这一声明，他们将会被解雇。BA/ULA

调查委员会对童工特别感兴趣。这可追溯到1874年的M.P.塞缪尔·范霍滕(M.P.Samuel van Houten)的《儿童和青年法案》,该法案禁止雇佣12岁以下的童工。当时支持提高最低雇佣年龄的公共呼声越来越高,这与义务教育制度的引进密切相关。1889年12月,荷兰议会下院通过一项法案,禁止16岁以下的男童在晚上7点以后工作。在向调查委员会的反馈中,德格鲁特并未表示自己支持这些做法。男童挣来的工资正好补充家庭收入。按他的看法,对一个12或13岁的男童来说,排字并不是一项繁重的工作。总经理范奥尔特也被调查委员会问询了学徒事宜。在问询中,他完全同意员工的看法。

> 问:你对提高最低雇佣年龄感到遗憾吗?
> 答:就我们行业来说,是的。一个12岁的男童已经受过足够的教育。在我们行业,他的技术是逐步培养起来的。如果男童很早就进入这个行当,就能更好地掌握排字工的技术。

范奥尔特也许不同意这些反对雇佣童工的措施,然而,在其当时所处的背景下,他还是因关心自己的员工而出名:

> 问:关于雇主出资为员工购买意外和养老保险的法定义务,你是欢迎还是感到遗憾?
> 答:欢迎。

即将到来的20世纪

前神学家和前教师两人和谐共事25年,公司生意一直很兴旺。他们抓住了表现自我的机遇,这是因为他们有开放的观念,这让他们具备了这么做的条件。1872年,他们和15个员工开始创业,现在雇员则有60人。然而,19世纪90年代他们遭遇了当年埃弗特·扬·博睿也曾面对过的问题：没有后人继承家业。起初，范奥尔特要让儿子来接班，但后者很早就死于肺炎。德斯托佩拉尔的两个儿子都有他们各自的事业，没有一个想进入这个行业。范奥尔特的身体越来越差，他不想参与更多公司的日常事务，公司未来的继承人问题愈发显得迫切。为保证事业的持续发展，两位总经理决定把E.J.博睿公司改造成一家公共有限责任公司，即荷兰所谓的"有限公司"（naamloze vennootschap）。将来公司将改称为"图书销售和印刷有限公司，原E.J.博睿公司"（N.V. Bookselling and Printing Firm, formerly E.J. Brill）。在此理念的支配下，公司进入了新世纪——一个新的生存发展阶段。

1878年巴黎世界博览会上，E.J.博睿公司因其出版"东方学出版物"而被授予一枚金质奖章。Brill Coll.

1896—1945年：图书销售和印刷有限公司，原 E.J.博睿公司

1896—1906：世纪之交

　　如果仔细观察就会发现，这家新公共有限责任公司匿名合伙人的名字也很眼熟。范奥尔特和德斯托佩拉尔继续担任新公司经理，聘用第三人科内利斯·马里努斯·普莱特（Cornelis Marinus Pleyte），这主要是出于长远考虑，聘用他以作为继承人。监事会由五位监事组成，他们都是公司的老熟人或经理的亲戚。阿米歇尔·扬·德戈耶（Amichael Jan de Goeje）是阿拉伯文教授，也是博睿出版社的知名作者，还是这个家族多年的朋友。阿尔伯特·科内利斯·弗里德（Albeert Cornelis Vreede）是印度尼西亚文教授，也是博睿公司的一位作者。埃及学家威廉·普莱特是国立古典博物馆馆长，30多年来一直是博睿出版社的作者，还是新任命的经理的父亲。还有两位经理的兄弟，一位是威廉·亨德里克·范奥尔特（Willem Hendrik van Oordt），他是莱顿附近法尔肯堡市（Valkenburg）的市长，另一位是扬·德斯托佩拉尔（Jan de Stoppelaar），一位在海牙独立谋生的绅士。

　　合伙制旨在"继续并进一步开发全面运营的印刷厂、装订厂和出版企业，以及东方学、古籍和民族志等图书文献的交易，就

像E.J.博睿公司成立以来一直经营的业务一样"。股份资本合计10万荷兰盾，分成了20份记名股份。所有股份都掌握在几位经理和监事会监事手中。两位原来的经理各有6份股份，新经理有3份股份，5位监事每人各有1份股份。按字面意思理解，范奥尔特和德斯托佩拉尔未投入任何资本，但是他们确实提供了"完全运营的印刷厂、装订厂及其所有附属设备，而且还提供了公司内部的家具"。

由几位经理一手培育起来的公司，其估值达到6万荷兰盾，这意味着以股份形式呈现的新资本数量达到4万荷兰盾。博睿有限公司的股票在阿姆斯特丹股票交易所挂牌上市，但不在通常的股票基金类别下，而是在所谓的"未上市公司"类别下，其股份被注册，交易时不能自由议价。阿姆斯特丹的行情尤其重要，因为其创始人想通过股票交易市场发行一种债券贷款。业务的快速增长是公司向公共有限责任公司转型的另一个原因，因为在这种形式下，公司更容易吸引投资。有限的注册股份资本保证了权力保留在莱顿内部小圈子中，因为债券持有人不能影响公司的内部管理。

债券

范奥尔特和德斯托佩拉尔并没有把已出版目录及其相应版权、库存图书、库存纸张等转让给新公司。其结果是，这家公共有限责任公司有义务收购前公司的这些财产。已出版图书估值为108239.03荷兰盾，库存图书估值12738.60荷兰盾，库存纸张估值4126.95荷兰盾。1896年3月28日，公司的首次全体会议决定，博睿有限公司将为购买这三种资产发行15万荷兰盾的债券贷款。截至1896年5月1日，发行150张、每张面值1000荷兰盾的债券，20年期限，利息为4.5%。这些债券将以赎买的方式被清偿。

E.J.博睿的声誉激发了投资者的信心，而且发行的债券很容易认购。80%以上的收益要用于购买前公司所有人的股份，剩余的 24895.415 荷兰盾被用作营运资金的补充。连同股东的出资——8 股、4 万荷兰盾——公司有 6.5 万荷兰盾的充足资本储备可供支配。部分资本将用于购买一台新印刷机和新的印刷铅字字模。

1872 年，范奥尔特以 40150 荷兰盾的价格接手了整个 E.J. 博睿公司，而到了 1896 年，仅已出版图书的价值就高达 108239.03 荷兰盾。得益于存货和现货，公司在转型为公共有限责任公司时总价值已超过 18.5 万荷兰盾。不到 25 年，公司总值增长了 4.5 倍，而同期员工人数也有相应的增长。范奥尔特和德斯托佩拉尔的经营颇为成功。

出席费

经理们负责公司的日常管理，在相互同意的前提下安排各自的工作。监事会有三至五位监事，他们必须是股东。他们保证规章得到遵守，并监督其他经理人员。而且他们也被授权在有必要时暂停经理的职务。不过，经理人员的聘任和解聘取决于全体股东大会，但因为范奥尔特和德斯托佩拉尔持有 60% 的股票，所以他们并不担心这项规定。监事并不领取薪水，只是每出席一次股东

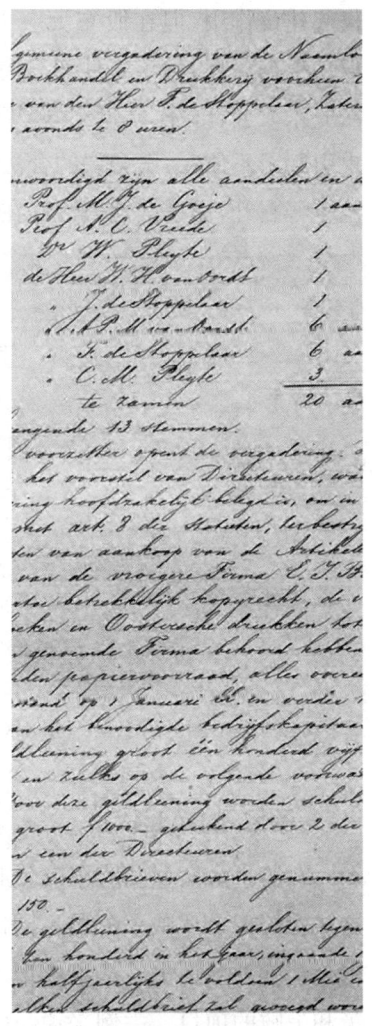

第一次全体股东大会记录，该大会于 1896 年 3 月 28 日在德斯托佩拉尔的家中召开。BA/ULA

大会，领取10荷兰盾的报酬。

为了支付这10荷兰盾的出席费，公司每年预留250荷兰盾的预算，这样5位监事每年最多可以出席五次有报酬的会议。规章要求他们每年至少开两次会。每年都有一位监事必须辞职，尽管他马上就有资格再次当选监事。在监事会会议上，监事仅起建议作用，但在股东大会上，他们却对讨论的事项有决定权。根据章程，每年6月前三周的任意一个周四在莱顿召开一次股东大会。（在20世纪80年代末的管理危机期间，这项规定也引起了不便：一次会议的合法性引起争议，因为股东大会在莱德多普召开，而这个地方恰好在莱顿市外。）

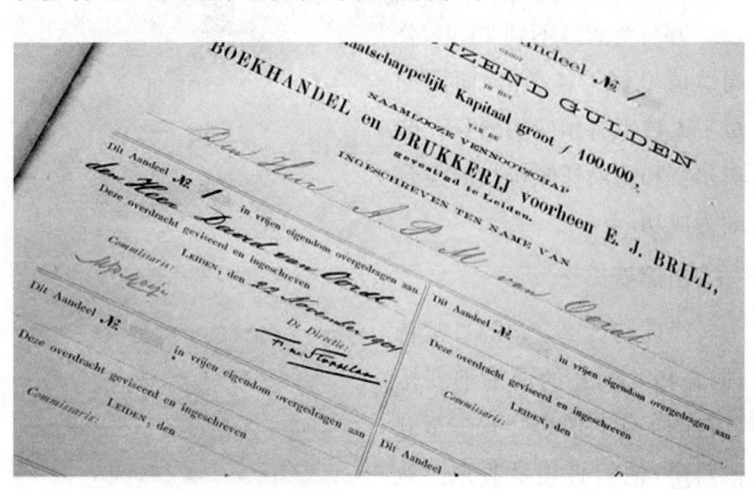

E.J.博睿有限公司的股东名册。BA/ULA

《圣经》的起起伏伏

在监事会会议和股东大会上，要讨论公司方方面面的事务。这些会议记录反映了公司不同部门的事务状况，丰富了博睿有限公司的发展历史。从这些记录中，也可以看到一些错误的决策和失败的项目。举例来说，在1896年的监事会会议上，德斯托佩拉尔提出一项雄心勃勃的项目，即出版插图本《圣经》，项目将由博睿公司组织，并联合其他出版商共同运作。项目组招募了一个来自荷兰和其他国家的画家小组，准备绘制100幅图画用作《圣经》的插图。这一出版物将是举世无双的艺术品，它还将以英文、法文和德文被出版。或许该书被视为1865年出版的、著名的古斯塔夫·多雷（Gustave Dore）的插图本《圣经》的继承者和超越者。

这部插图本《圣经》的费用估计达到了13.5万荷兰盾，博睿公司为此专门向项目的合营公司投资1万荷兰盾。这个项目对德斯托佩拉尔来说尤其重要，因此他极力推荐，"毫无疑问，项目能带来有利的结果。即使取得一点成功，其利润都相当可观"。监事会的监事们因此决定有限公司将接管公司在该项目中的权益。1897年，前景依然看好。然而，以后的几年里，情况却变得越来越悲观。1902年，有限公司被迫注销1000荷兰盾的投资。过了一年，再次注销1500荷兰盾的投资，"然而还没有对成功感到完全绝望"。从1904年开始，每年注销1000荷兰盾，"希望插图本《圣经》合作项目迎来转机的日子能够到来"。转机从未到来，经历很长一段时间的混乱之后，1911年，插图本《圣经》项目终于下马了。这个失败项目给博睿带来的亏损超过1.6万荷兰盾。公司在清算程序中得到一幅名画——《在扫罗面前演奏竖琴的大卫》(David Playing the Harp before Saul)，这让受伤的心灵得到了些许抚慰。这幅画是知名画家约瑟夫·以色（Jozef Israels）为插图本《圣经》而创作的，卖了2000荷兰盾，以减少公司的损失。

另一个《圣经》出版项目获得了相对较好的收益。早在19世纪80年代，范奥尔特和德斯托佩拉尔就构思了一个《圣经》新译本的出版计划。到19世纪90年代中期，在H.奥尔特教授（H. Oort）的指导下，一组翻译人员正积极地从原始资料中重新翻译整部《圣经》。所谓的"莱顿版圣经"旨在替代1637年以来使用的"荷兰授权版本"。1906年，博睿出版了《旧约全书》，1913年出版了《新约全书》，两卷都有导言和注释。尽管新译本并未真正成功取代旧译本,但这一长期项目取得了丰硕成果,令人印象深刻。在正统派圈子里,莱顿版本的当代语言被认为过于自由。博睿远远走在了时代的前面:直到20世纪50年代,新的《圣经》译本才被荷兰新教教会接受,并在2007年被更新的译本取代。

《任性》

这类项目反映了范奥尔特和德斯托佩拉尔的兴趣。前者最初是一个神学家,后者则是门诺派(Mennonite Congregation)教徒。门诺派的宗教信仰甚至在出版社引发了一个小小的门诺派热潮,而且多年来《门诺派期刊》(Mennonite Contributions)都由博睿出版。在这方面,出版神学和教会史方面的图书只是偶尔现象,并非博睿的主要特色。直到第二次世界大战以后,博睿才开始真正出版《旧约全书》和《新约全书》系列研究著作。

尽管以前的E.J.博睿公司仍然保持着大学印刷商的身份,现在的公共有限责任公司则摒弃了这一确立已久的称号。理论上的学术印刷垄断事实上已被废除了很长时间,这个名称也就被放弃了。那一时期,莱顿多家出版商都在出版莱顿学者撰写的博士论文、演讲稿和其他出版物,博睿在其传统的基础上不过是同行中的带头人。莱顿大学自然科学的复兴在博睿的出版清单上也有所反映,后者出版了诺贝尔奖获得者H.A.洛伦兹(H.A. Lorentz)和H.卡默林·昂内斯(H.Kamerlingh Onnes)的著作。

"东方印刷版本"成为公司真正的支柱,这主要是牢牢立足于19世纪最后25年打下的基础上。德戈耶编撰16卷《塔巴里编年史》,始于1879年,完成于1901年。19世纪90年代,一个新的重大出版项目《伊斯兰百科全书》初具雏形。德戈耶和德斯托佩拉尔与多国阿拉伯研究学者合作,成立了一个国际编纂委员会以启动这一出版项目。从最初的梦想到最终计划的实现,其间经历了许多磨难。当1899年乌特勒支大学豪斯马教授(Houtsma)开始承担协调国际合作的责任后,编纂才算最后步

C.T.J.路易斯·里伯（C.T.J.Louis Rieber）的《阿姆斯特丹皇宫》(*Het Koninklijk Paleis te Amsterdam*，1900 年出版，1940 年重印）。这部对开大开本（46 cm × 66 cm）展示用书以老阿姆斯特丹市政厅，也就是后来的皇宫为主题。此处借用博睿的内容介绍："里伯的这本大开本图书品相极佳，完全配得上这座建筑，这部精彩作品收录了那里的所有辉煌景象。"Brill Coll.

入了正轨。即使如此，这部书也直到1908年才出版了收录了从字母A开始的一批文章的第一部。1913年百科全书第一卷装订版出版，四卷构成的第一版直到1936年才全部完成。

1900年左右，博睿在阿拉伯研究、亚述学、印度学、汉学等相关领域的出版物已经赢得了良好的国际声誉。越来越多的外国作者和研究机构委托出版社出版其著作。传统上，民族学、生物学一直是其出版目录的重要组成部分，世纪之交，这些研究领域也变得愈发重要。1903—1920年，博睿出版了16卷的新几内亚科学考察报告。1899—1900年，马克思·韦伯（Max Weber）指导的著名西博加（Siboga）探险队，对印度尼西亚群岛进行考察，取得了很多成果，考察产生的140部文献均由博睿出版。博睿也出版了其他国家撰写的考察报告。如1903年，公司和纽约的自然历史博物馆签订合同，出版了杰瑟普远征队（Jessup Expedtion）考察阿拉斯加和西伯利亚东北地区的报告。

世纪之交，当出版业务沿着既定路线继续前行时，博睿也开始在一些意想不到的领域进行尝试。如在19世纪90年代，这家知名学术出版社就推出了《任性》（Miss Headstrong）三部曲，这是德国作者艾美·冯罗登（Emmy von Rhoden）的作品，是教育方法得当、政治正确的女性图书发展过程中的里程碑式的作品。此外还首次出版了荷兰语版的刘易斯·卡罗尔（Lewis Carroll）的经典作品《爱丽丝漫游仙境》（1901），并配以英文原作的插图。然而，儿童图书从未在出版目录中形成系列，可以说，仍处于初创期。

小说出版的情况类似：博睿偶尔冒险出版一些小说，并未直接声称自己是一家文学出版社。世纪之交，公司也曾尝试出版技术领域的系列图书，包括一些惊人的出版项目，如出版有关造船的专著、砖石建筑手册等。

对其他领域无意间的涉足正好突出了博睿出版社的特征：它是一家专注于"奇怪"语言的国际性学术出版社。

好时代

公司改名后的头 10 年，博睿有限责任公司（Brill Ltd.）欣欣向荣，并以良好的精神状态进入 20 世纪。公司的营业额稳步增加，每年也赢得了可观的利润。因出版插图本《圣经》而亏损的 1.6 万荷兰盾也得以弥补。1883 年投入使用的旧蒸汽机已使用 20 年，现在都要更新。购买一台 6 马力的新蒸汽机和一台价值 6000 荷兰盾的新印刷机都没有任何困难。考虑到未来的资本支出和赎回债券贷款的期限日益迫近，公司筹集了相当规模的资本准备金，以用于尽可能谨慎的投资。在新公司成立的头 10 年，在扣除准备金和折旧后，净利润常常稳定在 8000～9000 荷兰盾，相当于每股可分得 6%～6.5% 的股息。因为公司发展平稳，监事会的监事们一次又一次满怀信心地通过了资产负债表。根据章程，监事会两次确认了

有时，令人尊敬的博睿出版社也会设计出一些轻浮的封面。1900 年左右，许多荷兰装饰艺术家从事新艺术（Nieuwe Kunst）风格的设计，这是一种新艺术（art nouveau）或尤金斯蒂尔艺术（Jugendstil）在荷兰的变种。知名艺术家如 R.W.P. 德弗里斯（R.W.P.de Vries, 1874—1952）和 L.W.R. 温克巴赫（1860—1937）就为博睿设计封面。这里再现的封皮是由不知名的设计师 H.H. 设计的，他把"Brill"错拼为"Bril"。法国新艺术运动风格比尤金斯蒂尔新艺术的应用更为广泛。《浪漫散文》系列第一卷出版于 1897 年，由莱顿大学教授简·坦恩布林克（Jan ten Brink）编辑。Brill Coll.

这些数字,第一次是以监事会的身份,第二次是在全体股东大会上以股东的身份。为了方便,全体股东大会常常和监事会会议合并召开,在同一天的早些时候先开监事会会议。

　　印刷车间和排字房完全依靠出版社提供的工作任务运转,三个部门的协同构成公司的核心。当公司转型为有限责任公司时,原有的拍卖服务和很大一块古旧书店的业务已经被剥离出去。博睿的两个前雇员,伯格斯迪克(Burgersdijk)和尼尔曼(Niermans)继续以他们自己的名义经营拍卖业务,并成立了一家古旧书店,这里有他们从博睿公司接手的25万册图书。从长远看,伯格斯迪克和尼尔曼的公司正在成长为莱顿领先的古旧书店和拍卖行。博睿的"东方史料"(Orientalia)图书并没有通过此渠道交易,而是继续通过自己的"东方"书店来销售。公司最不成功的一面似乎是一个永远的问题儿童。监事会上对古旧书店的讨论通常可归结于对这个令人苦恼的机构的哀叹和关于拯救它的劝告。1910年甚至还有一次讨论到要永久关闭这家分公司,但这个主意因为过于极端而被否决了。

埃及学家之子

　　新经理科内利斯·马里努斯·普莱特(1863—1917)要学习各个方面的经营知识,与此同时,还强调出版社要出版民族学图书。普莱特曾作为志愿者在1883年开馆的莱顿民族学博物馆工作过一段时间。1887年,他在阿姆斯特丹的阿提斯动物园人种志收藏馆任馆长。他把自己任职出版社经理归因于父亲的影响,以及父亲在经济上提供的支持。其父威廉·普莱特是埃及学家,也是莱顿古典博物馆馆长,还是公司监事会的监事。

　　人们倾向于认为,相对于博睿公司深厚的企业文化,年轻的普莱特有些不够沉稳。让范奥尔特和德斯托佩拉尔恼火的是,这位显然要继承他们事业的年轻人对印刷和出版业一点也不感兴趣。他心中唯有民族学,对其他一切都无暇顾及。普莱特抓住一切机会去世界各地旅行,以公司业务作借口去法国、德国或英国。1898年,殖民事务部邀请他去印度尼西亚旅行,并搜集一批民族学相关物品，以便在 1900 年巴黎国际博览会上开设荷兰展台。范奥尔特和德斯托佩拉尔对此极不满意，但默许了其东方之行。根据监事会监事的乐观估计，他将会为公司建立有益的人脉。这次远行原定为期半年，但普莱特在殖民地很尽兴，停留了更长的时间。用他讣告作者的话来说，"这次旅行为他带来许多值得欣赏和学习的东西。最吸引他的，就是这种从一地到另一地的流浪生活"。

1899 年末，当他再次出现在莱顿时，普莱特觉得自己与博睿格格不入。这种疏离感是相互的，不过断绝关系的过程是相当丑陋，普莱特以健康为理由递交了辞职申请后，曾试图把自己的股份卖给第三方，以此来绕过经理和监事。于是，大家在监事会会议上议论纷纷，老普莱特出于策略上的考虑缺席了这次会议。范奥尔特和德斯托佩拉尔对小普莱特的不忠深感震惊。他们借此机会列举了他的诸多缺点，并计算了他给公司造成的损失。遭受这次打击之后，普莱特放弃了他的出版商生涯。他抛妻离子，回到了东方，将其余生奉献给了他所追求的民族志事业。

向外寄送的邮件被记录在笔记本里。这个复制品显示，这是时任副经理佩尔滕堡在 1900 年写给阿拉伯学学者斯诺克·赫格罗涅的一封信，后者当时正在巴塔维亚①。Brill Coll.

---

① 印度尼西亚首都雅加达的旧称。——译者注

显然，从一开始范奥尔特和德斯托佩拉尔就已经怀疑这位有意培养的接班人是否适合接班，因为在1898年春，他们就推荐科内利斯·佩尔滕堡（Cornelis Peltenburg）任副经理。1880年以来一直受雇于博睿的佩尔滕堡当时在别处获得了一份有趣的工作。范奥尔特和德斯托佩拉尔想把他拴住，因此建议监事会任命他为副经理。未来他将会被任命为经理，"如果形势需要，现有的一位经理将被替换，从事情的进展过程看，这迟早都会发生"。佩尔滕堡本人必须宣誓效忠博睿，以确认未来的这一协议。取代现任经理的机遇来得比预期的要早：1900年，普莱特离开出版社后，佩尔滕堡被安排接替了前者的职位。

范奥尔特和德斯托佩拉尔很好地安排了其继任者，因为他们需要有自己的接班人。阿德里安·范奥尔特于1903年的最后一天去世，弗朗斯·德斯托佩拉尔于1906年6月8日去世。他们两人都葬在莱顿格罗内斯特格的墓地里。他们一生都在一起，死后继续相伴。

科内利斯·佩尔滕堡的坚定之手（1906—1934）

博睿总经理

科内利斯或科尼尔·佩尔滕堡（Corneille Peltenburg）1853年生于莱顿附近的奥格斯特吉斯特村（Oegstgeest）。作为亲法人士和瓦隆会众（Walloon Congregation）的成员，他特别喜爱他名字的法语形式。年轻时，他梦想成为一名职业军人，但其父反对他从军。科内利斯在图书贸易方面接受了全面的实践培训。早年他在莱顿的哈岑贝格书店（Hazenberg）工作，之后又在海牙和阿姆斯特丹的书店工作，最后又回到哈岑贝格书店。1880年，德斯托佩拉尔把他带到了博睿，在这里他从销售代表升任办公室主任，然后是经理之一。1906年德斯托佩拉尔去世后，他成为公司唯一的经理,直到1934年去世。

起初,佩尔滕堡担任经理这一最高职务并非顺理成章。监事们都主张,两位经理才能更好地保证事业的延续,因此,要求他寻找一个副手。他们提出再设置一个经理职位是章程的规定的观点。之后多年,佩尔滕堡挑选了好几位年轻人来"培养",但不知何故,过段时间,这些受训的年轻人都消失了。佩尔滕堡不会容忍他身旁还有一位经理,他把监事会成员们的坚持视为对他的不信任投票。监事会成员们觉得有责任来向这位自尊心受到伤害的经理保证,他们都信任他,因此,任命副经理一事逐渐被从日程上删除了。

佩尔滕堡及其团队确实能把公司管理好。在第一次世界大战开战的时期,销售额、利润、资本准备金以及股息每年都在增长。那时,印刷厂和排字房雇用了60多人,公司员工总数约有80人。1911年是博睿公司"丰收"的一年,经理向莱顿商会报告,"印刷厂基本上业务不断,业务主要来自日益增长

1909年左右,佩尔滕堡下令做了一个"水滴状花饰①",如下图所示。该图案是由艺术家R.W.P.德弗里斯(1874—1952)设计的。卢奇曼斯时期的座右铭"帕拉斯庇护下的安宁"被融入博睿新标志。帕拉斯·雅典娜和赫耳墨斯的构图来自一幅代表卢奇曼斯家族的寓言绘画,该画挂在博睿办公室的墙上(见本书第一章开头的插图)。博睿现在的形象标志(logo)中的两位神明也来自这幅画。以新艺术风格设计的水滴状花饰一直使用到20世纪30年代中期。

---

① vignette,书籍的一种装饰设计,最初多以树叶和藤蔓作为隔页以分隔各部分或章节。——译者注

的外国客户，这是因为大量使用了库存的东方印刷字体"。1913年，博睿在阿姆斯特丹国际图书博览会上亮了相，佩尔滕堡甚至还在博览会总委员会谋得一个位子。此后，他可以自豪地告诉监事会成员们，博睿印制的"东方图书"赢得了最高奖，即荣誉证书。

公司运转良好，或者要用一种文绉绉的表达方式来形容的话，那就是"进展顺利"。童年时的军人梦虽然破碎，却给佩尔滕堡留下了军人的行事风格。他养成了一种与军人匹配的外貌：腰板挺直，八字胡，眼神锐利逼人，下命令时口音还带有"R"的卷舌音。虽然是民间出版单位的负责人，却有一种军人的行事风格。空闲时，他就像是奥格斯特吉斯特村义务巡逻警员的指挥官。他严格的荣誉准则也具有军事风格。他全身心地投入到公司事务之中，要求下属同样也要有奉献精神。佩尔滕堡就是这样训练博睿出版社的。

迫在眉睫的罢工

佩尔滕堡的家长式管理无疑是为工人们好，但是，工人们自行组织工会并提出要求就不符合他的专制观念了。1913年，他被迫接受了平面艺术行业雇主和雇员双方达成的首个劳动协议，对他来说，这是一次极不愉快的经历。按照协议，工人每周应工作57小时，而此时博睿的工人则每周工作60小时。此外，协议还涉及增加工资，成年工人每周工资应达到13.68荷兰盾，而博睿执行的仍然是1890年的工资标准，即普通印刷工和排字工每周9.5荷兰盾，能排印汉字和阿拉伯文的工人每周12荷兰盾。

《劳动协议法案》(1907年)已经为这些合同创造了条件，尽管还没有强制雇主执行。莱顿的大多数平面艺术企业在1913年期间已经接受了集体劳动协议，但是，A.W.西托夫(A.W.Sijthoff)和E.J.博睿两家企业非常顽固，拒不接受。当西托夫工厂的工人开始罢工，而博睿的工人也威胁要罢工时，佩尔滕堡才最终回心转意。他最不满的并不是用工成本的增长，而是作为经理，他不再能自主决定雇员将拿多少工资。

佩尔滕堡把集体劳动协议视为雇员的一种不忠行为,显然最终工人更信任他们的工会而不是他。他将这一事件视为其个人失败。他希望下属明白他不容轻视。集体劳动协议从1914年1月1日起生效,7周后,佩尔滕堡发出通知,5位工人将被解雇。解雇他们的理由是用工成本增加、效益下降。然而,后面的理由并不能站住脚,1914年是公司1896年以来稳步发展、经营最为成功的一年。解雇工人的真正原因在于经理决意要重树其权威。

第一次世界大战

荷兰确实避过了这次大战,但是博睿明显感受到了战争带来的后果。由于外交关系中断四年,图书订单减少,营业额大幅下降。1914年8月10日战争刚刚爆发时,印刷厂和排字房的工作时间已减少至每周45小时,后来甚至减至每周42小时。从9月起,每周再次开始有规律地工作57小时,但直到1918年,工作时间时常被削减。工作时间减少的部分原因是战争动员,许多员工被征召去守卫边界。然而在博睿,雇佣的老年员工相对较多。截至1915年底,有25个员工已经工作了25年或更久。

得益于在盈利年份积累的财务储备,公司才拥有一种稳定的缓冲能力,但是现在很少有资金注入产业。1913年财务负债表列出的流动资金为11.5万荷兰盾,而战争爆发前的1914年负债表记录的流动资金更高,达12.25万荷兰盾。约一半的现金用于投资,此外,多年来相当多的资金以所谓的储备基金的形式被投入到各种长期投资中。1917年的资产负债表刚过6万荷兰盾,大约是企业战前流动资金的一半。

在不景气的年份,公司只好量入为出,希望能节约资本储备。这一努力取得了成功:战争期间,公司设法支付了1896年发行的2.3万荷兰盾的债券贷款,而没有动用储备资金。其实,公司还是有一些赢利,尽管没有战前那么多。1917年,博睿是莱顿最后一家用电动马达来替代蒸汽机的印刷企业。为了付清

3000荷兰盾的采购资金，不得不卖了一些债券，但这些债券构成了投资流动资产的一部分，而不是储备资金。同样的财务办法也应用于雷奔堡路22号的地产，该地产是1917年以1.75万荷兰盾的价格购买的。公司本来想把东方古旧书店搬至此处，期望在这里能获取更多利润。书店从未搬迁，总是在计划阶段，但是作为一项投资，这处地产却达到了保值的目的。

第一位女员工

公司基本上完好无损，但在战争期间，不得不面对收入大幅下降和开支大幅上升的问题。1900—1914年期间，博睿出版图书大约450种，而1914—1918年期间，出版图书大约还不到70种。战争期间的出版大多都是战前工作的延续，如一直在运作的西博加考察系列出版物，还有一些长期出版的、有关印度尼西亚的系列图书。进展较大的项目则是《荷属东印度百科全书》（*Encyclopedie van Nederlandsch Indië*），该书得到政府的资助，在战争期间得以出版。另一方面，《伊斯兰百科全书》则全面停止，第一卷出版于1913年，而第二卷一直到1927年才得以出版。由于业务量不足，1916年有机会出版列出莱顿各教堂的布道活动的杂志时，佩尔滕堡没怎么犹豫就答应了。困难时期，即使是一个微不足道的工作机会，也不能放过。

收入下降，开支却在上涨。纸价也急速上升，战争期间劳动力支出也显著增加。1917年，在采用新的为期三年的集体劳动协议后，因为害怕罢工，佩尔滕堡不敢再像以前一样顽固抵制了。那一年俄国爆发了革命，之后，在一场失败的革命中，社会主义领导人彼得·杰勒斯·特罗尔斯特拉（Pieter Jelles Troelstra）试图在荷兰挑起事端。在那些日子里，工人们一直紧握着拳头，佩尔滕堡认为，少一些激进行为是权宜之计。然而，新的劳动协议虽然提高了工资，但增幅并未与生活成本的增长保持同步。战争后期，生活必需品的价格大幅上涨，雇主不得不一再提高工资以防止劳工骚乱。对于员工的家庭和公司的管理层，保持收支平衡都变得越来越困难。

在战争的沧桑中,也有一条令人欣慰的消息值得一提。1918年初,第一位女性员工走进莱顿公司的办公室,她就是凯瑟琳娜·西茨玛小姐(Catharina Sytsma)。起初,行事老派的佩尔滕堡对女员工颇有疑心,但这一大胆的创举却远超出他的预期。他告诉监事会董事们,这位女士已经"远超出他的期望,既有令人满意的工作表现,也有工作能力"。

"辉煌和衰退"

和平的降临并不意味着战前形势的自动恢复。相反,战后的困难局面一直持续到20世纪20年代。生活成本一直在上升,而与此同时,工会又发起了缩短工作时间的运动。主要诉求是要求每天工作8小时,每周工作48小时。在劳工多次大规模示威游行后,1920年1月1日起,这一社会成就开始生效。

赫尔曼·布尔哈夫(Herman Boerhaave,1668—1738)是18世纪最著名的物理学家。有个传统,只要信封上写上简单的"荷兰布尔哈夫收"字样,信件就能畅通无阻地送达莱顿雷奔堡路31号他的住宅。在这一点上,博睿几乎仅次于布尔哈夫。上边的画中有一副眼镜(Bril在荷兰语中意为"眼镜"),邮递员明白,这是要他把这个包裹送到位于老莱茵河路的博睿出版社。今天的邮递员已经不再明白一副眼镜的图案和"荷兰莱顿"的字样代表什么了。这是最近一次试验验证过的,信件被退回寄信人。Brill Coll.

佩尔滕堡向监事会董事们抱怨，这些运动给公司管理带来了灾难性影响，他的计划经常被"工人们无休止的高要求"打断。在这个不确定时期，他不可能"还带着赢利的期望去工作"。高工资抬高了印刷价格，也对人们的需求造成不利影响。活太少，甚至在每周工作时间缩短后，他也无法让所有的工人都忙碌起来，包括印刷工和排字工在内的几个熟练工人都被迫到其他地方谋生。博睿自己的装订厂也因为不再赚钱而被迫在1920年关闭。由于荷兰盾币值升高而其他货币大幅贬值，外国订单也很难变现。特别是战后德国通货膨胀加剧，很少再有来自德国的订单。

这不是一个特别繁荣的时代，但在这一时期，公司也尽量坚守阵地而不去动用资金储备。然而，根据一期工会会刊的文章报道，博睿的形势比它自己宣称的要糟糕得多。作者自称为"莱顿的一个老印刷工"，给公司的调查文章配上了这样一个引人注目的标题——"辉煌和衰退"。匿名作者的结论是：博睿昔日的辉煌所剩无几，公司正面临着一场灾难。按照作者的说法，衰退不是战争带来的后果，而是C.佩尔滕堡经理管理不善造成的。

匿名作者特地将这

莱顿知名画家威廉·亨德里克·范德纳特 (Willem Hendrik van der Nat, 1864—1929) 绘制的佩尔滕堡肖像画。跟随平版印刷师C.博斯 (C.Bos) 学习平版印刷后，范德纳特进入海牙学院学习，并成为一位画家。他还兼职为鹿特丹的博尔出版社 (Bolle) 画图书插图。1900年左右在莱顿立足后，他全身心地投入绘画。除了肖像，范德纳特还画了许多风景画，后来在英国和美国颇受追捧。1923年佩尔滕堡70岁生日之际，他创作了这幅肖像画。Brill Coll.

本期刊寄给了佩尔滕堡，这立刻让后者变得愤怒无比。佩尔滕堡把这篇文章理解为一个被解雇员工的泄愤行为，他马上召集了一次监事会特别会议。监事会董事们试图安抚这位愤怒无比的经理：他不能把这次事件视为对他个人的攻击，应该把这篇文章视为"雇员忧虑其未来的一种表达方式"。佩尔滕堡不得不用一种"友好的谈话方式"向员工们做出解释：他们可以永远信赖博睿出版社。直至此时，监事们才醒悟过来，在资方和劳方的纠纷中，甜言蜜语远胜过尖酸刻薄。

老板的雪茄

佩尔滕堡并不主张对员工和颜悦色。他极少出现在工作现场，而且通过监工每天来发号施令。每一年经理都要发表一次新年讲话，但除此之外，一年大多数时候，他都把自己关在办公室里。当他意识到员工们可以采取强硬路线，并且不再心甘情愿地扮演下属的角色时，他变得更加冷漠了。

1923年底，正值佩尔滕堡七十大寿之际，他试图推倒这堵等级和阶层的墙。在一个周六的晚上，全体员工被邀请到他的办公室庆祝其生日。庆祝会上有酒，经理还给每人送了一盒雪茄——希望除了发雪茄之外，西茨玛小姐还有其他轶事被人们铭记。以博睿出版社的标准来看，这是一件非同寻常的事情。多年后这次庆祝酒会仍然是人们的谈资。女王陛下为庆祝助兴，授予他"奥兰治-拿骚骑士勋章"（Order of Orange-Nassau）。

同样还是1923年，战后的停滞趋于结束。国际贸易慢慢恢复，图书馆再次大规模采购图书。公司利润大增，以至于几年内就把1896年尚未偿付的剩余债券贷款全部付清。1925年后，连续6年都是前所未有的丰收年。在此期间，股东都得到了极为慷慨的40%的股息。显然，经理和监事会并不认为有必要投资公司的现代化事业。

博睿的精彩世界

1927年，记者M.J.布鲁斯给鹿特丹的《新鹿特丹报》

(*Nieuwe Rotterdamsche Courant*)撰写了有关荷兰出版社的系列文章。漫步各地出版社时，他对位于莱顿新莱茵河路的孤儿院旧址颇感兴奋。布鲁斯偶尔也听说过博睿出版社，他以为自己会围绕一家平淡无奇的荷兰出版社写一篇文章，但后来却是另外一种结果，在"古老、风景如画的荷兰老运河"上，他无意中走进了博睿出版社精彩的世界。这位记者写了三篇文章才充分表达他的惊诧之情。

原来博睿在用那些甚至连布鲁斯都不知道但又确实存在的文字出版图书，如撒马利亚文、叙利亚文、满文、埃塞俄比亚文——博睿用你能想得到的任何外国语言或独特的文字出版图书。当出版社收到一份用外国文字写成的手稿时，印刷车间都没有这种字样，出版社还要制作字模。最近，博睿出版社出版了吕底亚文的手稿，出版社根本就没有这种铅字字模。在考古发掘中发现的碑刻铭文被仔细地绘制在图纸上，在此基础上制作了吕底亚文印刷字模。让布鲁斯吃惊的是，原来在古怪、老派的博睿出版社的门面背后，隐藏着一家国际化的出版公司。记者问佩尔滕堡，"作为一个古老而又年轻的一流企业的领导人"，博睿的秘密是什么？

但是多年来你到底是怎么管理这家出版了那么多昂贵的、大部分人都读不懂的大部头图书的企业的？

佩尔滕堡向他解释道，过去50多年里，企业已经在东方学领域享有了国际声誉，现在的经理正在享受其前辈们——埃弗特·扬·博睿、阿德里安·范奥尔特和弗兰斯·德斯托佩拉尔——辛勤努力而带来的成果，他珍惜和尊重企业的这种传统。博睿不是一家具有特殊专业的普通出版社，随着时间的推移，博睿出版社已发展成为国际学术交流的枢纽。这个与国外交往的关系网络至关重要，并得到精心的维护。佩尔滕堡和多个国家的学者们保持着通信联系，而且就像德斯托佩拉尔一样，他也经常参加国际东方学大会。

在长达半个多世纪的持续发展时期，作为一家国际东方学研究的专业出版社，博睿赢得了独特的地位。来自欧洲各地、亚洲和美国的学者都熟知博睿出版社，知道怎么找到位于老莱茵河路的出版社。借助其声誉，出版社收到了各种各样的手稿。同时作为一家学术出版服务商，博睿公司自己也编撰图书。佩尔滕堡在记者面前展示了样书：这是《伊斯兰百科全书》第二卷，即将在德国、法国和英国上市。"这部书卖给了英国伦敦的卢扎克公司（Luzac & Co.），德国莱比锡的奥托·哈拉索维茨公司（Otto Harrassowitz），还有法国巴黎的奥古斯特·皮卡德公司（Aug. Picard）。"这部百科全书不仅是专家学者的权威参考书，而且还被世界各地的图书馆所收藏。它的出版证实了博睿出版社所扮演的核心角色，因为许多文章提及的参考书要么是博睿已经出版的图书，要么是即将出版的图书。

1923年7月11日，《帕诺拉玛》杂志（Panorama）专门为E.J.博睿有限责任公司撰写了一篇文章，因为后者拥有这个名称已长达90年。这幅铜版印制的画像中，佩尔滕堡看上去要比范德纳特在同年创作的肖像画更显年轻。《帕诺拉玛》创刊于1913年，由莱顿的荷兰转版印刷公司（Nederlandsche Rotographure Maatschappij）出版。

佩尔滕堡强调，博睿专注于那些需要长期投入的出版项目。一家服务于学术世界的国际出版商应该具有超越短期利益的勇气。博睿出版的图书，主要销往国外图书馆和专业学术机构，其货物周转率远不如为国内市场出版的图书。图书印刷一次，常常要过好多年才能卖完，只有长期经营才能收回投资，"一次又一次，那些我们出版目录上的好书，被证明对学术界来说是不可或缺的"。

大家长最后的日子

布鲁斯看到的佩尔滕堡如日中天，但是天边很快就出现了乌云。1929年11月，股票交易的崩盘标志着世界经济危机的爆发，这场危机将持续到30年代前期。不可避免的是，经济的崩溃也影响到了博睿。1931年，出版社还有多达6.1万荷兰盾的利润记录，但到了1933年，利润已经下降至2.4万荷兰盾。这一时期受经济危机的影响，所有业务部门的营业额都大幅下降。1934年，印刷厂因为无事可做而常常处于停业状态。

佩尔滕堡公开反对机械化排版，多年来他一直拒绝引进排字机排字。一次世界大战前夕，莱顿的西托夫出版社就已经开始投入12台机械排字机，但是博睿严格禁止这些创新，"只要我活着，我的企业就不能用机械排字机，"这位老先生习惯于这样说。然而，1930年代初，为了保持竞争力，佩尔滕堡也不再向客户收取昂贵的手工排版费用：他被迫以低得多的机械排版费率出售人工排版的产品。最终他收敛了许多。尽管他说过那些话，但博睿还是在1934年初用上了第一台机械排字机。

但是，这一台姗姗来迟的机器，并不适宜应对危机，因为改变太少了，也来得太晚了。

1933年12月28日，佩尔滕堡庆祝自己80岁生日，在莱顿布鲁因斯之家（Huize Bruyns）举办了盛大的生日招待会。这个时刻这位老人收到了许多礼物和贺词。著名学者和出版商都纷纷向他表示祝贺，全体员工出席招待会并向他们的老板致敬。客人们都向佩尔滕堡表达敬意，发言者赞扬他虽然年事已高但仍然能管理好一个大公司。监事会主席、莱顿大学图书馆馆长F.C.威德（F.C. Wieder）代表监事会董事向他赠送了一只矮沙发，或许暗示他应该过得更轻松些。克里斯蒂安·斯诺克·赫格罗涅在演讲中授予佩尔滕堡荷兰"最年长的东方学家"荣誉称号，而斯诺克自己则屈居第二。

获得如此多的赞誉后，佩尔滕堡于1934年7月1日体面地退场了。30多年来，他管理下的博睿出版社经历了美好时光和困难时期，最后几年遭遇了经济衰退，对此他也无能为力。本来有意要让这位前经理继续做顾问，但他生命的终点到了。仅仅过了三个月，1934年10月7日，在生病六周后，科内利斯·佩尔滕堡去世了。博睿的佩尔滕堡养老基金以他的名字命名，那是他去世后几年设立的，基金来自其遗产中的一笔慷慨馈赠。在他死后，佩尔滕堡实现了自己和博睿员工之间永久的和解。直到今天，佩尔滕堡基金仍是公司的养老金计划。

特尼斯·福克斯（1934—1945）：迎难而上

继任者

任职的最后几个月，正当佩尔滕堡放弃对机械排字的抵制之时，他也把继任之事推迟到了最后一刻。那些年里，他没能找到一个接班人，以至于1934年5月终于从公司外部找到一个合适的候选人。于是，特尼斯·福克斯（Theunis Folkers）就在那年7月1日接替佩尔滕堡，担任经理职务。

1879年，福克斯出生于荷兰北部城市格罗宁根。他做好了进入出版行业的准备，17岁时进入家乡的诺德霍夫公司（Noordhoff），在那里一直工作到1914年。之后，他在海牙的马蒂努斯·尼霍夫出版社找到一份工作。他努力工作，没过多久，就升任部门负责人。福克斯是一个精力充沛、具有现代视野的实干家，他接手博睿的管理工作之时，正是公司最不景气的时候。他对新机遇有着敏锐的眼光，是重振公司的合适人选。

新经理是优秀的管理者，但还没有完全克服虚荣心。如他无法抗拒将自己的姓名首字母加入当时由"E.J.B"构成的出版社商标的诱惑。个人要占用博睿公司的名称，其前任们从未动过这样的念头，其后继者也没有这样的想法。

机器和广告

福克斯上任后给公司带来一股变革风气。在博睿，他将遭遇许多顽固、陈旧的观念。这令他无法忍受，在这个困难时期，经济上公司同样也无法承受这种保守和顽固观念。新经理首先清理出阁楼的五个储藏间，这些储藏间堆满了大量的图书。他下令清查东方古旧书店的图书，结果书店有多达87种不同语言的图书。福克斯宁可选择关闭这个濒临破产的部门，但监事会在1935年否决了这个提议。反对也是一件好事，因为到了1939年，这家古旧书店突然证明了其存在的合理性：向一家日本学术机构销售了价值3万荷兰盾的藏书。

1934年博睿纸张存货账目，生意乏味的一面因为有了诸如哥伦比亚纸、帝国纸、大中纸（Grootmediaan）、蜂巢纸等富有诗意的名称而活泼了起来。BA/ULA

最让福克斯担忧的是印刷厂和排字房。他以一些博睿自己印刷的图书为样本向其他印刷厂询价，得出了令人不快的结论：博睿公司的印刷价格要比其他企业高出三分之一以上。"这确实是一个严重问题。"公司不能与现在的市场印刷价格保持同步，这是因为博睿印刷厂主要承接博睿出版社自己的订单。印刷价格之所以居高不下，主要是因为排字房的人工费用太高。

某种程度上，这也不可避免，因为这些并不常见的外国文字图书都需要手工排版。但是福克斯则认为，普通排字应该尽可能使用机械，以降低人工成本。1935 年，他购买了两台排字机，一年后又购买了第三台。监事会的董事们授权他可以用不少于 6 万荷兰盾的资金来购置新机器。这些投资之所以能实现，是因为到 1934 年，博睿的股本已经从 10 万荷兰盾增加至 15 万荷兰盾。福克斯想得到更多的机器，但位于老莱茵河路的建筑却难以容纳更大规模的扩张。

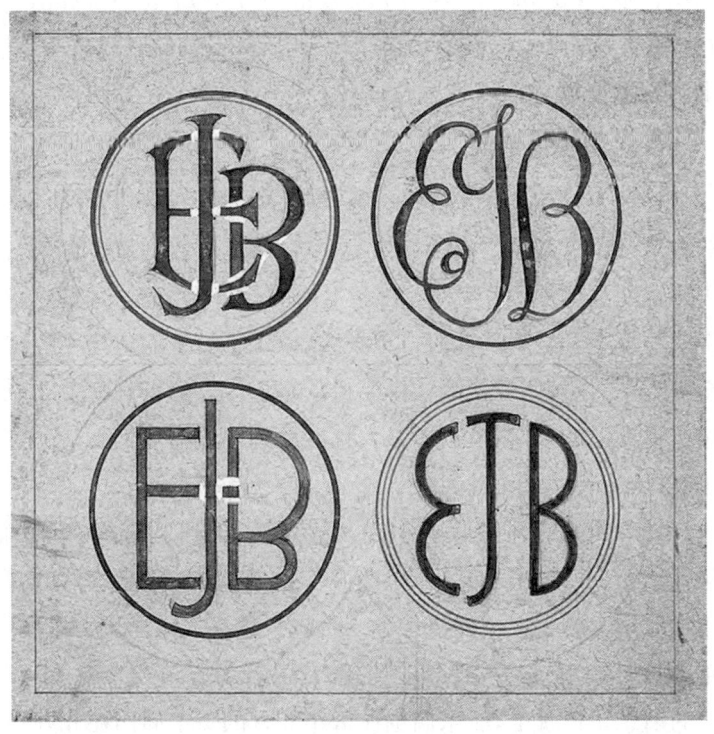

在企业的现代化过程中，福克斯放弃了 1909 年以来一直使用的水滴状花饰。1936 年，他引入了简洁的带有"E.J.B"首字母的图章戒指式花饰。艺术家扬·范克林潘(Jan van Krimpen，1892—1958)设计了四个版样。右上角带有装饰曲线的这个版样被选中，但左下角的这个变体版样也经常被使用。福克斯将其姓名的首字母"T.F."添加到这两个形象设计中，1947 年他辞职后，这两个字母被删除。Brill Coll.

佩尔滕堡不会赞同如此激进的现代化，但他已不再能见证这一切了。新经理的另一项重要变革就是成立了广告部，"我们不应该只能出版图书，还要能把书卖掉"。福克斯深信图书需要做广告，但这长期以来都被博睿所忽视。新书和旧书应该经常能引起公众的关注，以提高销售额。

福克斯也是第一位把 1683 年卢奇曼斯公司建立这一信息作为营销策略以强调出版社悠久历史的经理。这样，1937 年，博睿就发行了一种新的、极其丰富的东方学出版目录。这一令人自豪的目录全名是《1683 年 E.J.博睿公司成立以来的东方学出版目录》(Catalogue de la Fonds de la Librairie Orientale E. J. Brill, Maison fondee en 1683)。此后这一创始时间也在其他出版物上被提及。

从深渊到尼罗河

1935 年，公司形势转好。最严重的危机已经过去，福克斯的改革开始见效了。出版社恢复元气，印刷厂收到许多订单，销售额也明显增加。1936 年，踌躇不前的经济继续复苏，其后，经济明显呈上升之势。此时订单太多，以至于员工们应接不暇，甚至引入了双班制，以便能让排字机从早上 6 点运行到晚上 8 点。按照福克斯的务实想法，要最大程度地利用机器而又不与《工厂法》(Factory Act)发生冲突。

1934 年的营业额仅有 13.2 万荷兰盾，但到了 1939 年，营业额就增至 29.4626 万荷兰盾，比 6 年前增加一倍多。福克斯在年度股东大会上汇报的语气也变得越来越喜气洋洋。一年又一年，他都在一家名为"镀金土耳其人"的著名旅馆发布营业额增长的消息。传统上，股东们也在每年 6 月的一个周四在此开会。随着第一代股东的去世，原始股已经易手。1934 年，公司发行了总值 5 万荷兰盾的 10 份新股。即使如此，监事和股东们仍然是博睿公司的老熟人或是前任经理们的后代或亲戚。范奥尔特和德斯托佩拉尔去世 30 年后，他们的名字仍然被博睿公司的密友构成的小圈子所铭记。

"镀金土耳其人"旅馆的会议大概一直都让人很开心,当股息升高时更是如此。从 1935—1939 年,公司每年要支付股东 25％的股息。经理提议分配的比例,监事会成员们自己也是股东,不得不同意这个提议。福克斯费尽心思讨好股东,显然是想和多年前以高额股息来取悦股东的前任保持一致。以 1934 年,他就任经理的第一年为例,当年的数字似乎因为 10 份新股资本的注入而显得很漂亮,然而当时公司尚未从经济危机中恢复过来,营业额也仅有 13.2 万荷兰盾,利润只有 5.4 万荷兰盾,股息分红则达到 30％。

坐在博睿会议室办公桌后面的特尼斯·福克斯,1939 年。

在两次世界大战之间的最后几年,博睿的生意开始兴旺起来。1938 年,公司购买了第一辆汽车,"驶"入了现代。然后,它古老的名声依然是公司最重要的工具,这一年让公司进入埃及:公司受托为 1938 年在开罗召开的大型展览会编印目录。列在目录中的大批图书都已被博睿出版,这些图书将会在此次展会上展出。尼罗河畔的这次亮相吸引来一个王室的大订单:埃及国王法鲁克一世(King Farouk)决定把博睿的所有图书都买下来,收入他的私人图书馆。

1936：丰收之年

今天的博睿每年要出版 600 种图书,100 多种学术期刊。第二次世界大战前,一年平均仅出版 30 种图书,出版规模更容易统计。1936 年的统计就反映了那个时代的出版状况。

1936 年,《伊斯兰百科全书》第四卷也是最后一卷出版,这一卷的规模很大,有 1200 个印刷页面。包括总目录在内的附录还在准备中,图书计划于 1938 年上市。截至此时,福克斯已经和伦敦的基根·保罗出版社(Kegan Paul)达成协议,准备以英语出版缩略版《伊斯兰百科全书》。1936 年,由莱顿的阿拉伯研究学者 A.J. 温辛克(A.J. Wensinck)发起并由其他学者共同完成的《圣训和穆斯林传统文献索引》(*Concordance et indices de la tradition musulmane*)第一卷出版,这套重要丛书的第八卷也是最后一卷在 1988 年出版。T. 惠特玛(T. Huitema)以《伊斯兰教的代祷》(*Voorspraak in den Islam*)为伊斯兰研究做出了贡献。同时,A. 杰弗里(A. Jeffery)的《〈古兰经〉文本史资料》(*Materials for the History of the Text of the Qur'an*)也在编纂之中,该书第一卷将于 1937 年出版。

在埃及学领域,W.A. 范里尔(W.A. van Leer)的《埃及文物》(*Egyptische Oudheden*)出版,亚述学研究的代表是德国学者 G. 洛特纳(G. Lautner),他对保存在黏土片上的古代巴比伦劳动契约进行研究。他出版了《古巴比伦人劳役租金与收割工人合约》(*Altbabylonische Personenmiete und Erntearbeitervertrage*)。还有来自远东的 S. 胜见(S. Katsumi)的《日本音乐》(*Japanese Music*),而 K.S.J.M. 德弗里斯(K.S.J.M. de Vreese)则以他的《尼拉的教义》(*Nilamata*)来唤起人们对古代克什米尔智慧的关注。

20世纪初开始的科学远征考察催生了许多出版物,到1936年这一趋势还在继续。正在编纂的西博加系列前两部已经出版,有G.斯蒂亚斯尼-维恩霍夫(G. Stiasny-Wijnhoff)关于海虫的《西博加考察之带虫》(Die Polystilifera der Siboga-Expedition)、L.多德林(L. Doderein)的《西博加考察之海星》(Die Asteriden der Sibogo Expetition)。L.F.德博福特(L.F. de Beaufort)编纂了18卷的《新几内亚:荷兰科学考察结果》(Nova Guinea: resultats de lexpedition scientifique neerlandaise)。A.A.比兑曼(A. A. Beekman)待在离家很近的地方,其著作《荷兰地名列表》(Lijst der aardrijkskundige namen van Nederland)探索了荷兰的地理。而R.亨尼(R. Hennig)则在其《未知土地》(Terrae Incognitae)一书中描述了哥伦布之前的航海发现。

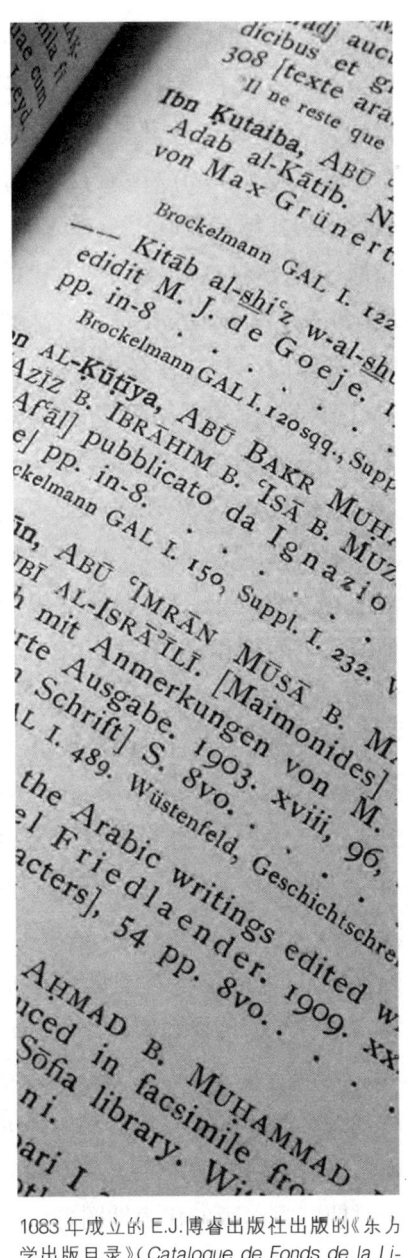

1083年成立的E.J.博睿出版社出版的《东方学出版目录》(Catalogue de Fonds de la Librairie Orientale)正文。《东方学出版目录》(1937)封面是蓝色仿天鹅绒材质,内有国内外学者的照片。BA/ULA

1936 年，博睿在古代研究领域出版两本书。S. 皮平克（S. Peppink）贡献了一本对"学术盛宴"（The Scholarly Banquet）所做的语文学研究（《评论智者阿忒纳乌斯》[*Observationes in Athenaei Deipnosophistas*]），所谓"学术盛宴"是公元二世纪希腊作家阿忒纳乌斯所作的对话录。此外，古典历史学家 R.J. 福布斯（R.J.Forbes）出版了《古代的沥青与石油》（*Bitumen and Petroleum in Antiquity*），书名相当吸引人。荷兰历史方面，出版了两本时期和主题有些关联的图书，一本研究斯宾诺莎和格劳秀斯（Grotius）对国际法的影响，另一本是一个阿姆斯特丹犹太异教徒乌列尔·达科斯塔（Uriel da Costa）的传记（分别是 J·科尔特 [J.Coert] 的《斯宾诺莎和格劳秀斯与国际法》[*Spinoza en Grotius met betrekking tot het volkenrecht*] 和 A.M. 瓦兹·迪亚斯 [A.M.Vaz Dias] 的《乌列尔·达科斯塔：关于他的人生的新作》[*Uriel da Costa: nieuwe bijdrage tot diens levensgeschiedenis*]）。

当代史方面有 J·德容（J.de Jongh）的女权运动研究（*Documentatie van de geschiedenis der vrouw en der vrouwenbeweging*）。相较于相关事实，P.L. 杜伯克（P.L.Dubourcq）的专著关注的是关于金钱的根深蒂固的神话（《金钱的外表与实质》[*Schijn en wezen rondom geld*]）。V. 范维克（V.van Wijk）研究宗教史，他描述了对圣母玛利亚的崇拜（《玛利亚之名：其内涵、多种形式、传播和崇拜》[*De naam Maria: over zijn beteekenis en velerlei vormen, zijn verspreiding en vereering*]）。最后，歌德（Goethe）的《浮士德》（*Faust*，德文版）在这一年第 9 次印刷。1936 年的图书目录不完整，但是它还是向我们展现了这一时期博睿出版的代表性图书。

占领时期

1940 年 5 月 3 日，博睿公司召开监事会会议，福克斯出席。他展示了 1939 财年的经营数据。这一年的增长令人满意。净利润达到 76981.41 荷兰盾，在此基础上，他提议把股息定为 26％。至少在他看来，1940年的前景也非常有利。当然，国际局势极为紧张，德国已经在1939年入侵波兰，现在正和英国、法国交战。然而，由于荷兰是中立国，公司还能利用这一有利形势。德国出版商们和英国、法国图书市场的联系已经被切断了，他们想聘请博睿做中间人来挽回这些损失。当时的苏联还是纳粹德国的盟友，也面临同样的困境，他们要求福克斯关照其从法国和英国进口图书的所有业务。为了处理这些新业务，福克斯已经成立了一个特殊的出口部门。

一周后，德国侵入荷兰，一瞬间似乎整个世界都被改变了。这些在1940年7月6日的股东大会上是显而易见的。会上，福克斯情不自禁地悲观起来："很不幸，5月爆发的战争也使公司受到严重损害，所有出口业务已经完全中止。"原本前景一片大好的出口部甚至还没有机会表现自己，就已经不存在了。在这种形势下，通常的股息也不能支付。福克斯要求股东们把股息定为5％，而不是他先前考虑的26％。外国债务人无法支付他们的欠款，公司没有进账，保证公司有足够的现金是极为重要的。

从（1940年）5月到9月，公司都处于一种严重的瘫痪状态，但到1940年最后一个季度，开始出现了恢复的迹象。幸运的是，1940年营业额达到22万荷兰盾，大约比1939年减少四分之一。然而，尽管处于战争状态，1941年营业额还是增加到了27万荷兰盾。福克斯的神经高度紧张，"在整个艰难时期……看护着公司和全体员工"。他为国内市场出版了一系列教材，以补偿国外销售的损失。多亏了年鉴和补充读物，出版社才得以实现了以前每年出版30种图书的目标。印刷厂全负荷运转，而大多数竞争者被迫缩短了周工作时间。

1941年，占领者对纸张实行配给供应，但福克斯成功地增加了博睿公司的配给数量。他开办了一个公司食堂,每天向员工供应一顿热饭。新统治者以各种方式来干扰企业的经营,购买铅材料要遵守严格的限制条件,机器被征用,电力供应不足,几乎买不到取暖用的煤,员工还面临着被强征去德国做劳工的危险。更糟的是,占领当局还把50%的利润作为税收。在公司内部,一个民族劳工阵线(National Labor Front)的代表被任命为线人。

一个战争纪念品:从占领时期博睿档案文件中发现的一枚子弹。BA/ULA

福克斯常常疲于应付这些攻击:"一切都不像过去那么平稳顺利,每件事都必须付出极大努力。政府的干扰很大,以至于实际上每件事情都受到限制,一个人不可能绕过这么多障碍或者通过关系来实现目标。"从他的记述来看,福克斯应对这些已经非常娴熟。比如,为了不让员工被强征为劳工,他曾去海牙拜访"帝国委员会"(Reichskommissariat)。

舵手

福克斯的角色就像是荷兰人所说的"战时市长":他不得不和德国占领当局合作,但同时还要利用他的影响力来保护自己的员工;他不得不妥协,以便指挥公司这条大船驶过危险水域,但又很难避免给人留下有时有些过于见风使舵的印象。传统上,博睿也做许多德国的生意,出版目录上经常有许多德国图书。从1941年起,随着与其他国家贸易关系的中断,德国越来越成为一个重要的市场。被占领的另外一个结果就是整个"大德国区域"(Greater Germany)现在都属于博睿的国内市场。

福克斯偶尔也会到德国促销图书、获取新的出版项目。他建立的这些联系带来了一些出版物,如受马堡大学(University of Marburg)的委托,出版了印度学著作。还出版了一本极其成功的《简明伊斯兰百科全书》(Handworterbuch des Islamic,《伊斯兰百科全书》的缩写版)。随着这类学术著作的出版,博睿战前的出版规模得到了拓展，这些交易未受到政治因素的影响。最赚钱的是向德国学术机构供应图书。战争导致图书受损，图书馆不得不重新进货。被炸毁的位于慕尼黑的巴伐利亚州图书馆其实是一个极好的客户。从积极的角度看，这些交易可以被视为试图充分利用现实环境的实用主义行为。多亏德国图书馆的需求剧增，博睿的古旧书店才经历了一个黄金时期。

然而，在某些场合，福克斯的实用主义使他倾向于愤世嫉俗或者说天真的机会主义。如他接到来自柏林翻译局的一道命令，要印刷1.5万册俄语教材。还要为柏林的语言出版社印刷5000册手册，用于培训德国军官辨识苏军军官的着装标志和武器。委托机构直接隶属于德国政府，但这些命令并不是直接来自德国军队。受被占领的荷兰"东方学院"的委托，福克斯还要用俄语、德语和荷兰语三种语言出版一本词典，印刷1万册，其中3000册由出版社自主发行。同样来自这家机构的命令是出版一本包括荷兰语、德语、俄语、乌克兰语和波兰语在内的多语种词典，印刷5500册。"东方学院"其实是纳粹的一个官方机构，致力于征召荷兰的"雅利安"农民在"东部斯拉夫"地区定居。福克斯并不清楚这些客户的身份，而把这些工作视为"为第三方印刷"。他并不认为这些合作与道德有关："鉴于现在的情况，这些书毫无疑问也会畅销。我对它们还是寄予厚望。"

福克斯的努力让博睿出版社的营业额在战时达到了前所未有的高度。1942年，营业额增至44.7万荷兰盾，1943年增加至57.9万荷兰盾，在公司的历史上第一次跨越了50万荷兰盾的神奇大关。1944年的营业额在相同数量级上，比战前1939年的记录增加两倍。1942年净利润达到9.4596万荷兰盾，1943年甚至达到14万荷兰盾。股东们向经理致敬，尽管身处坏时代，经理还是找到了实现这些辉煌结果的方法。然而，福克斯的政策导致的结果是，公司内部很大一部分流动资金来自德国。荷兰解放以后这将会引起麻烦,因为这些资金届时会被视为"敌方资金"。

福克斯未能预见到这个结果,尽管到1943年底他确实预测到德国将会在战争中失败。他代表监事们起草了一个备忘录,提出了博睿战后的发展计划。他展望未来,认为未来博睿将在"德国人和英国人"之间担当调解人。他列出的可能项目清单使人们预测到,战后公司规模将会比目前大3倍,这一预测最终会实现。截至1944年7月1日,已经被聘用10年之久的福克斯任期又被延长5年。确实,不久他就65岁了,但是监事们还是要求他继续留在公司,直到他找到自己的接班人。然而,结果却与预想大相径庭。

1945—2008 年：扩张中的博睿出版社

战争余波及重建（1947—1958）：尼古拉斯·威廉姆斯·波瑟穆斯

福克斯离任

荷兰解放不久，就启动了全国性的政治和经济通敌调查。为此在地方一级成立了特别警察机构：针对可疑政治人物调查的"政治调查部"（Political Investigation Departments），以及主要针对经济领域犯罪调查的"通敌行为政治调查部"（Political Investigation Departments on Collaboration, PIDC）。

1946 年 4 月，莱顿通敌行为政治调查部没收了博睿的账本，确认公司有敌方资金。福克斯在战时的管理被 PIDC 视为与占领者从事的通敌行为。这件事被认为很严重，以至于当年 9 月经理被逮捕，这在当时是非常普遍的措施。1947 年 5 月 23 日，"出版业清洗委员会"（Purging Board for the Publishing Trade）剥夺了福克斯为期两年出任出版社管理职位的权利。而且，除这项处罚外，他还被判罚 1 万荷兰盾。福克斯认为罚金应由公司来支付，但公司拒绝担责：经理个人被判刑，博睿有限公司"完全在法律程序之外"。

9 月 23 日，出版业清洗委员会的判决被工商界中央清洗委

二战刚刚结束几年的时代标志。1948年,博睿出版了托洛茨基(Trotsky)撰写的、荷文版的《斯大林传》。该书之所以引起争议,不仅因为它揭露了斯大林的秘密,也因为此时生活在墨西哥的托洛茨基被一个俄国特工暗杀了,被暗杀时他正在写作这本书。右上角是1947年博睿出版社尝试的一种新营销策略的一则广告:"不要总是把劣质的小说当成礼物。改变一下,尝试一下可靠的图书,它能带给你永远的快乐。"1948年,博睿出版了美国作者弗里茨·斯腾伯格(Fritz Sternberg)的《如何不以战争方式来阻止俄国人》(How to stop the Russians without war)一书的荷文翻译版。根据作者的观点,一个联合起来的欧洲是阻止俄国人和制止核战争的最佳途径。20世纪50年代初,这种思想也将是欧洲经济同盟、之后的欧盟建立的基础。BA/ULA

员会确认。再过三天,福克斯就68岁了。在他的请求下,从1948年1月1日起,他被公司解雇。在此背景下,不能说解雇是一件"光荣"的事。此时,福克斯已经病得很重,3年后就去世了。对一个全身心投入博睿的人来说,被迫以这种方式结束他的职业生涯和生命是很不公平的。毫无疑问,战时他已经越过了通敌的界线,但是,很大程度上,荷兰工商界都存在同样的情况。

灰色阴影

福克斯"站错队"有多严重?根据刑事司法特别局(Sepecial Administration of Criminal Justice)的标准,"印刷或出版德国的宣传材料以及(或)国家社会主义的材料"都被视为犯罪行为。福克斯执行了德国和亲德机构的指令,虽然词典和语法书不属于禁止的种类,但是,他确实,像1945年9月3日的《贸易和工业清洗法令》(Decree on the Purging of Trade and Industry)中所表述的那样,"在管理职位上时,给敌人提供了帮助"。根据同样的法令,那些被发现犯下这类罪行的人可以被剥夺担任管理职务的权利。在这个总原则的基础上,人们一定会得出结论:福克斯罪有应得。

实际上,清洗委员会的判决带来的"一直站在错误一边"的污名让他受到了更重的惩罚。经济上通敌,公众舆论未认识到这种处于晨昏地带的灰色阴影的复杂性,直到战后很久以后,都一直在用"正确"或"错误"这种绝对的说法表达其评判。福克斯在占领时期有一些不检点的行为,但他一定不是一个战犯。成为"荷兰国家社会主义运动"(Dutch National Socialist Movement)的党员或加入相关组织都不是问题。和其他通敌行为相比,他的犯罪行为是轻微的。他雄心勃勃,想让博睿有限公司变得更伟大,他为此而做了过多的妥协。

福克斯在占领时期的态度并非无可指摘,同样,刑事司法特别局的行为也并非无可挑剔。尤其对工商界的"清洗"并非是真

资深排字师在工作中。约 1950 年拍摄的照片。BA/ULA

心实意的行为。从一开始，最急需的战后重建就与对战时行为的处理相抵触。考虑到 PIDC 在短时期内编制了 3 万份文件，在经济领域被追究通敌行为的人很多，而福克斯只是其中之一。因为案件堆积如山，三分之二的案件从未被清洗委员会处理，所以福克斯是为数不多被判刑的人之一。刑事司法特别局经常以一种粗暴的方式来开展工作，而针对经济领域犯罪的通敌行为政治调查部则因为其非专业的做法而招致了大量的批评。1947 年调查达到顶峰，其后，清洗运动便偃旗息鼓。1948 年夏，PIDC 机构解散。

教授出版商

1946 年 9 月 16 日，福克斯被捕后，作为他的接替者，监事尼古拉斯·威廉姆斯·波瑟穆斯（Nicolaas Wilhelmus Posthumus）被任命为临时经理。波瑟穆斯（1880—1960）是荷兰知识界的知名人士，也是历史领域的新学科，经济和社会史的开拓者。战争时期，他是荷兰知识界的重要人物之一。1913 年，他被阿姆斯特丹的荷兰商业学院聘为经济史教授，这所大学是今天的伊拉斯姆斯大学(Erasmus University)的前身。1922年，他跳槽至设立了类似教席的阿姆斯特丹大学。他天生就喜欢经济史，早年还是个马克思主义者，受过历史唯物主义的熏陶，或许这加深了他对经济史的兴趣。他的历史兴趣尤其集中在莱顿及17和18世纪让这座城市知名的纺织业。他出版过一套6卷本的史料集，还有2卷本以此为主题的历史著作。

波瑟穆斯不但是一个著述颇丰的教授，还是一个不知疲倦的组织者，存在至今的好几个学术机构都是他创立的。1914年，他在海牙建立了"荷兰经济史档案馆"(Netherlands Economic History Archive)，担任馆长直至1948年。一直到去世，他都担任档案馆理事会主席。他是1935年在阿姆斯特丹成立的"社会史国际研究所"(International Istitue of Social History)的幕后推手，为此他还获得了卡尔·马克思和弗里德里希·恩格斯的著名档案。1945年，他参与了创办"国家战争文献研究所"(National Institute for War Documentation)。1947年，他和历史学家扬·罗曼(Jan Romein)成为阿姆斯特丹新成立的"政治和社会科学学院"(Faculty of Political and Social Sciences)的灵魂。通过他的努力，1956年，阿姆斯特丹大学成立了"中东和远东研究所"(Institute for the Middle and Far East)。这最后一个机构是他在博睿任职期间创建的；之前的岁月里，阿拉伯世界一直不在他的视野之内。

20世纪30年代中期，波瑟穆斯第一次接触到博睿。他通常在海牙的尼霍夫出版社(Nijhoff)出版自己的著作，福克斯曾任该出版社的经理直至1934年。1936年，福克斯曾劝说他此后在博睿出版《荷兰经济史档案年鉴》(Yearbook of the Netherlands Economic History Archive)一书。《国际社会史评论》(International Review of Social History)是新成立的国际社会学研究所的期刊，1936年也开始在博睿出版。战争期间，波

莱顿伯爵城堡(Gravensteen)的右侧有一道迷人的小门,这是以前进入拉丁学校校长家的入口。小门是 1613 年城市石匠威廉·克莱兹·范内斯先生(Willem Claesz van Es.)建造的,其上镌刻着"TUTA EST AEGIDE PALLAS"的文字,表明智慧女神帕拉斯(Pallas)在她的盾牌后是安全的。或许 18 世纪卢奇曼斯的箴言就来源于此,该箴言后来被博睿所采用。

波瑟穆斯辞去教授职务。1943 年,他在博睿出版了个人著作《荷兰日用商品价格史》(*History of Commodity Prices in the Netherlands*)。同年,他开始在公司监事会任职,由于 F.C.威德去世,监事会出现了一个空缺。

1949 年,波瑟穆斯在 69 岁生日前不久被授予名誉教授称号。几乎与此同时,1949 年 3 月 12 日,他从博睿的临时经理变为全职经理。过去几年里,他全身心投入博睿,把出版愉快地当作其新职业。波瑟穆斯不是一名不食人间烟火的学者,相反,他有敏锐的商业头脑,知道自己想要什么。凭借其知名度和学术界的人脉,他正好就是那个能在战后重新塑造公司的人选。监事会前主席的儿子小 F.C.威德(F.C. Wieder Jr.)被任命为副经理,未来将接替他的职位。

除照料日常事务外,波瑟穆斯还有意撰写一部博睿的出版历史。他手头有一些资料,因为那时公司档案仍然存放在老莱茵河路的建筑里。没有比他更合适博睿的史学家了。不幸的是，这位历史学家不得不把经理职位放在首位，他要把更多精力放在公司管理上。

余波

1947年秋，波瑟穆斯和1943年以来一直任监事会主席的威廉·范奥尔特（Willem van Oordt）也不得不回答"出版业清洗委员会"的讯问。作为监事，他们被指控犯有应受谴责的过失。换句话说，当福克斯接受妥协命令时，他们应该对其进行批评。为防止自己被清洗委员会定罪，他们也不得不辞去博睿的职务。他们成功地合理表明他们对福克斯的行为一无所知，因此均被判无罪。

在1946年的股东大会上，波瑟穆斯要设法让博睿受损的形象有所恢复。他说道，福克斯曾机智地挫败了武装部队想利用印刷厂来印刷其出版物的企图。而且，他还陈述道，"在我所知道的许多其他方面，德国人那些有损于我们有限公司的计划都被阻止了"。他并未提及细节，但确实提到了向抵抗力量提供金钱和纸张的事情。

1949年，福克斯事件产生了令人不快的后果。当检查收缴的账目时，财务调查局（Financial Investigation Service）发现，这

20世纪50年代博睿的印刷样张。Brill Coll.

位前经理未能申报一笔5万荷兰盾的敌方资金。1945年，一项强制公司登记来自德国的资金的法令开始生效。福克斯在账簿上玩了一些花招，企图洗白这笔钱以便能归公司所有。1944年底，他接受了德累斯顿一家名为"Reichsarbeitschaft Turkestan"的来历可疑的机构印刷地图册的订单。客户预付了20万荷兰盾，而博睿公司的发票上只有15万荷兰盾。要么是福克斯忽略了退还剩余的预付资金，要么就是他有意认为客户随着第三帝国的灭亡也已经消失了。

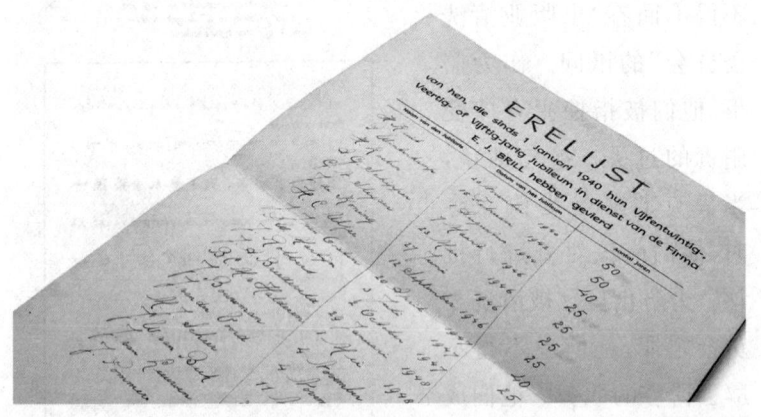

1953年以来的"荣誉名单"，其中有18位员工的名字，1940年以来，他们都已庆祝过在博睿工作50年、40年或25年。BA/ULA

这笔钱现已被监管机构没收，这个机构负责处置战争时期的财务事宜。连同其他资金以及一笔25%的罚金，最初认定的数额可达7.8万荷兰盾。这笔罚款是博睿在申报敌国资金方面的疏漏造成的，波瑟穆斯对罚款提出了抗议。他的理由是那个时期都是福克斯自作主张，并不理会监事会，之后也不可能申报，因为账目已经被通敌行为政治调查部收缴。他进而主张，博睿"作为一家享有世界声誉的出版企业，有很高的地位，在国际学术界颇为知名……在整个西欧，没有一家印刷厂或出版社像博睿一样能用33种文字印刷图书。因此，这对我们国家来说也具有重要的文化意义，博睿的命运不应该受这种过分的激进措施的左右"。

监管机构完全承认博睿的知名度，证明自己有意要挽救公司的命运。罚金被免除，最后的认定金额是5.7万荷兰盾。这笔资金的三分之二可用公司过去几年多缴纳的资产增值税冲抵。剩余的资金将按为期三年的付款计划支付。

1945—1950年：歉收年份

解放后，公司经营状况要比占领时期糟得多。和战争时期相比，利润大幅下降。1947年和1948年，还分别有4.25万和5.2451万荷兰盾的利润，但到1949年，博睿有限公司遭受重大损失，亏损近20万荷兰盾。股息很低，在一些年份支付股息，只是要在公众面前维持公司兴旺的假象。出版社每年成功出版30至40种图书，但是销量不大。特别是失去了德国市场后，销量受限，而和其他国家的贸易同样受阻。对博睿这样的国际化公司来说，严格的外汇管制严重妨碍了公司的发展。

当销售停滞不前时，出版社和印刷厂的生产成本却在增加。波瑟穆斯在1948年估计，这些成本是战前的三倍。纸张短缺，而且很贵，公司在这一关键原材料上还依赖国家纸业局（State Bureau for Paper）的定额分配。战后，迫切需要更换和增加机器设备，但几乎买不到新机器。而且，这也与外汇紧张有关，公司不得不向政府申请购买新设备的许可。

1947年，博睿申请许可购买一套莫诺铸排机（Monotype）设备以用于排版，包括一套两台铸造机（casting machine）和三个键盘。公司仅被分配一台铸造机和两个键盘，结果是这台新莫诺铸排机只能发挥一半的产能。1948年，博睿提出申请，要求再增加一台铸造机和一个键盘，这批设备一年后才安装好。包括改造厂房等费用，这些新设备的总费用达到10万多荷兰盾。房梁得到了加固，墙壁被拆除以增加室内空间——哪怕采取了这些措施，位于老莱茵河路的办公室的每一英尺的空间都必须利用起来。

因为缺乏办公场所，1949年9月，公司才在新莱茵河路2号另租了建筑，"新"书店和古旧书店都搬到了那里。此外，1945年以来两个部门都在亏损，公司希望搬迁后这些部门能经营得更好。除了销售额下降、成本上升外，这些年里，博睿还要应对政府实施的新税制，公司税的提高和资产增值税的引入都加大了公司的财务压力。

低营业额和高费用带来的后果是，公司不得不经常面临资金流动性的问题。为了提高财务能力，1948年股本增加了10万荷兰盾，但是这项措施被证实不足以有效应对资金短缺问题。有时，手头的现金只有2万荷兰盾，对日常开销众多的公司来说犹如杯水车薪。波瑟穆斯被迫采取一些紧急措施：他把一批储备金变为资本，此外，还发行了"佩尔滕堡养老基金"投资凭证。在那些艰难岁月里，私下或通过股票交易所来发行更多股票并非一个现实的措施。1949年，博睿向国家重建银行（National Reconstruction Bank）申请20万荷兰盾信用贷款。考虑到公司对荷兰出口的重要性，这一申请被批准。然而，贷款的条件也暗示着重建银行将在相当大的程度上控制博睿的财务政策。

在德国和美国的冒险

1948年德意志联邦共和国成立后，博睿就可以再次进入德国市场，至少是西德。1949年，荷兰政府被授权向德意志联邦共和国出口价值10万美元的图书，这一配额在几家出版社中间进行分配，博睿分到1.5万美元的配额，和以前与德国的贸易量相比，这算是很小的份额，但足以让人对未来产生希望。德国市场复苏的前景诱使该公司进行一次危险的冒险。

1948年春，波瑟穆斯和牛津大学讲师、美国历史学家詹姆斯·威廉·克里斯托弗（James William Christopher）建立了联系。克里斯托弗给了波瑟穆斯一份有关美国远东外交政策的手稿。1950年，博睿出版了这部手稿。克里斯托弗教授自己以前还在美国北卡罗来纳的威尔明顿(Wilmington)注册过一家空壳公司。波瑟穆斯对克里斯托弗的这家歇业公司极感兴趣,他设想把这家公司用作让博睿在美国立足的工具。和克里斯托弗的探讨催生了惊人的想法,那就是或许可以利用这家美国空壳公司来占有西德的市场份额。

1949年4月,第二版《伊斯兰百科全书》编委会第一次会议在莱顿召开。照片上的编委没有一位活着看到这项工程的完成。BA/ULA

1949年初,波瑟穆斯和克里斯托弗在新成立的联邦德国考察,以期开发西德市场。归途中,波瑟穆斯坚定认为,在德国建立分公司的时机已经成熟。年轻的旅行伙伴、刚刚35岁的克里斯托弗给他留下了良好的印象:"是的,他有些粗野,但却很有想法,这对博睿有利。"监事会顺利通过了波瑟穆斯的提议,在德国海德堡成立一家分公司。

这家公司的结构有些复杂:E.J.博睿海德尔堡公司并不归莱顿的博睿有限公司所有,而在克里斯托弗北卡罗来纳威尔明顿公司的名下。博睿出资1.8万美元，当时相当于6万荷兰盾，是公司总资本的五分之三。克里斯托弗被任命为公司经理，除高工资外，还有奖金。波瑟穆斯和博睿的监事会主席范奥尔特各在美国公司的董事会中有一个席位——至少纸面上看是这样的，因为在荷兰的莱顿和美国的北卡罗来纳州威尔明顿之间，隔着辽阔的大西洋。博睿战后立即启动在德国的运营，或许使用美国这个渠道也是源于这家荷兰公司战后直接开始在德国活动所引发的尴尬的感觉。考虑到美国在联邦德国所占据的重要地位，这一布局也具有战略上的先见之明。

冒牌博睿

截至1949年6月，克里斯托弗一直忙于成立公司的事务。1950年，监事范奥尔特几次来到海德堡，让他们极为吃惊的是，新的分公司有13位员工，看上去似乎好极了。然而，随着时间的流逝，疑问开始浮出水面。尽管波瑟穆斯一再要求，但克里斯托弗还是不让核查其账目。博睿莱顿公司向博睿海德堡公司大规模供应图书，后者却一直未付账。原来克里斯托弗正在和爱思唯尔（Elsevier）就博睿海德堡公司充当该公司的德国办事处一事进行秘密谈判。这一消息根本不受莱顿博睿公司的欢迎，因为在他们看来，爱思唯尔并非博睿"合适的合作对象"。这家爱思唯尔与1712年莱顿停业的那家埃尔泽维尔（Elzevier）没有任何联系。19世纪末成立于鹿特丹的爱思唯尔出版社仅仅在名称上与其显赫的祖先类似。

威尔明顿的调查证实，当各种问题缠身时，克里斯托弗并没有履行其职责。莱顿对美国合作者的信任已降至最低点。1950年7月，莱顿决定断绝与他的联系。此后一个月，波瑟穆斯和威德前往海德堡处理这些事务。让他们警觉的是，克里斯托弗那时已经成立了一家新公司，他想让这家公司在当地商务部门注册"E.J.博睿出版社"（E.J.Brill Verlag GmbH）。在海德堡他结识了一个名为E.F.J.博睿（E.F.J.Brill）的人，后者愿意放弃名字中的第二个首字母,并以其名字注册一家新公司。在出版界要面对一个同名的竞争对手,这让荷兰访客们颇为困惑。显然这个世界还不至于大到可以容纳两个博睿公司。波瑟穆斯和威德立即启动简易程序以便能够及时摧毁这家冒牌公司。经清点,和克里斯托弗教授的冒险合作已造成远超 10 万德国马克的巨大损失。博睿海德堡公司继续存在,但是它被改造为附属于博睿莱顿公司的一家分公司。截至 1953 年,这家分公司从海德堡迁至科隆,它被赋予很大的自主经营权。

与此同时,克里斯托弗并未放弃抵抗,他提起的法律诉讼持续了好多年。他以未付薪金为由起诉博睿,还提交了一个高额赔偿的索赔方案。1953 年,他的律师提出和解建议,但是博睿决不接受。一年后,"有关克里斯托弗的事情并未发生任何变化"。1955 年 2 月,博睿被法院裁定为无辜者。克里斯托弗并没有灰心,而是向上级法院上诉。为了不受这些诉讼的困扰,

博睿位于海德堡凯腾加斯大街(Kettengasse)上的分公司办公室。警察右边的小字"E.J.博睿"依稀可辨。Brill Coll.

1960年，博睿接受了克里斯托弗通过其律师提出的3000美元的和解方案。这样，克里斯托弗先生也从博睿的记录中永远消失了。

1950—1958年：重建时期

"失去东印度就有灾难。"在荷兰，这个说法众所周知，也反映了当时人们普遍的看法。但对博睿公司来说，荷兰失去东印度属地，却带来了意想不到的繁荣。1949年向印度尼西亚移交主权的圆桌会议期间，双方就科学技术遗产的划分达成了协议。由于这些协议，博睿从新的共和国得到了一些赚钱的合同，即为

20世纪50代博睿的排字房。Brill Coll.

许多图书馆配给图书。最主要的合作者是哈塔基金会（Hatta Foundation），基金会以印度尼西亚副总统穆罕默德·哈塔（Mohammed Hatta）的名字命名。连续多年向这个机构大量供应图书使公司获得了前所未有的高销售额。经历战时的辉煌后不断萎缩、几乎失去生机的古旧书店再次焕发活力，经历了一次黄金时代。公司卖给哈塔基金会的图书销售额在1950年和1951年分别达到了70万和78万荷兰盾。

此外，公司还和印度尼西亚教育和文化部达成协议，四年内向三家图书馆配送价值超过30万荷兰盾的图书。其中一家图书馆的藏书是由无政府主义者兼作家、波瑟穆斯和哈塔共同的朋友阿瑟·莱宁（Arthur Lehning，1899—2000）现场选配的。在波瑟穆斯的坚持下，他试图说服哈塔在1954年后继续进口图书。但不幸的是，基金已用完。在莱顿，博睿已经在设想建立博睿雅加达公司，但此次失利后，开设印度尼西亚分公司的计划被无限期推迟。即使如此，也可以毫无夸张地说，印度尼西亚共和国对战后博睿的重建做出了重要贡献。

印度尼西亚的"繁荣"使公司总销售额达到了有史以来的最高纪录——150多万荷兰盾。1952年后，来自印度尼西亚的销售额开始萎缩，但这一下降又被欧洲经济的改善抵消了。20世纪50年代，销售额逐步增加至1958年200多万荷兰盾。同一时期，利润也开始稳定增长，从1951年的15万荷兰盾到1958年20万荷兰盾。利润率平均达到营业额的10%。

20世纪50年代，博睿获得了走向世界的新入口。美国市场的销售变得愈来愈重要，来自美国的委托业务数量也在增加。波瑟穆斯与多所美国大学和出版社建立了广泛的业务联系。和欧洲各国的业务联系也得到了加强。博睿在法国、德国、瑞士和英国的各种学术会议和国际会议上频频露面。因为向马德里的

20世纪50年代博睿员工合影。女性坐在前排且显然愈发重要。Brill Coll.

西班牙-阿拉伯研究所（Instituto Hispano-Arabe）提供了大量图书，西班牙也开始引起博睿的注意。这种联系一度曾让波瑟穆斯考虑要在西班牙首都建立一家分公司。德国，至少是西德，也是欧洲最大的市场，博睿三分之一的图书卖到了德意志联邦共和国。

"扩张欲望"

虽然，在他的年度报告中年年都提及公司"（取得）令人满意的进步"，但波瑟穆斯并不认为有必要给股东支付10%以上的股息。然而并非事事顺心，博睿仍然不得不应对资金流动性的问题。随着公司的发展，这些问题会变得越来越大而不是更小——利润增长之外，员工工资、机器价格，还有原材料的价格也越来越高。

1953年的年度报告中，波瑟穆斯把这个矛盾阐述为公司"狭小不适的办公场所"和它的"扩张欲望"之间的紧张关系。从字面意思上看，他是指公司在老莱茵河路局促的办公场所；从象征意义上看，则暗示博睿的财务能力太弱以致于不能自我发展。

公司以股份为基础的股本远远超过 25 万美元，而根据经理的讲话，还需要 50 万美元来确保业务的增长。这么一大笔资本不可能通过发起新股来募集。在 20 世纪 50 年代，公司被迫再次向重建银行和其他银行求助。

波瑟穆斯还试图为印刷厂招募外部客户以提高流动性。20 世纪 50 年代，巴塔维石油公司（Batavian Oil Company），即更为人所知的壳牌公司，成为印刷厂的优质客户。此外，出版社还收到了壳牌的委托业务。这家石油公司赞助了乌得勒支大学教授 C. 格瑞森（C. Gerretson）撰写的英文版公司历史，以及前面提及的石油历史学家 R.J. 福布斯撰写的公司技术史。

弯曲的地板

1950 年出现的霓虹灯和通信地址打印机是新工业时代的象征。公司又购置了两台莫诺铸排机，而阿拉伯文和希伯来文图书的机械化排版也在考虑之中。旧印刷机被效率更高的新印刷机器取代。每一台新机器都要费尽周折才能搬进来，并被安装在旧机器原有的位置上。在堆积如山的印刷铅字和日益增多的图书重压下，阁楼地板都被压弯了。公司不得不另外租了两个库房，博睿正在向莱顿的四个不同地方延伸，公司内部沟通时常需要骑自行车。

出版社的另一个新特征是开始聘用受过学术训练的编辑人员。古典学家和亚述学家 B.A. 范普罗斯迪（B.A. van Proosdij）在商务方面也同样精明，1958 年，他被升为副经理。斯拉夫学家瓦普（Wap）建立了一个新部门专门负责斯拉夫文图书的出版。先前，博睿每隔几年发布一册不包括东方学图书在内的单独书目，但是现在决定每个学科都要更频繁地发布出版目录。福克斯建立的广告部大规模派发图书简介和各类小广告，以吸引世界对博睿图书的关注。1952 年，总计 6.785 万份"推荐书目"和 7.7 万份"每周书目"被寄往世界各地。考虑到寄出的各类邮件，1957 年的邮费增长导致成本大幅增加 7500 荷兰盾。

波瑟穆斯喜欢数字，他习惯于精细地算计这类事情。

他也计算了博睿自己的出版物的投资回报率。他在计算后认为，学术图书的销售速度很慢，通常要花四年时间才能达到75％的收支平衡点。出版的图书每年要折旧20％，更不要提图书的仓储费用。因此，能否收回最后25％令人怀疑。不赢利的比率让波瑟穆斯如坐针毡，他要在第一年实现最大的成本收益率，换句话说，就每一种出版物来说，一出版就要尽快卖出更多册图书。他发明了一个数学模型，通过该模型可计算某出版物的成本回收率，他后来将其用作衡量利润的标准。

"我们以世界上所有的文字印刷和出版"，博睿参加1960年法兰克福国际图书博览会的展台。Brill Coll.

发展中的出版社

20世纪50年代，出版社平均一年出版60种图书，约为战前的两倍。出版期刊30多种，包括多年连续出版的《通报》和《记忆女神》。出版书目并没有根本的变化，博睿继续沿着相同的路线前进，开发过去的优势资源也把握当前的新机遇。出版社对过去的传承表现在东方学研究领域，这依然是出版社的品牌。多亏一些新的系列版本,古典文学出版物显得比过去更为突出。宗教研究已经在出版书目中开拓了几个公认的亮点,历史类图书依然是出版书目的重要组成部分。

一批来访的外国学者,或许是印度学研究者,在博睿位于老莱茵河路的会议室。坐在中间的是波瑟穆斯,站在他后边、戴着黑边眼镜、面对镜头的是他的儿子兼秘书J.H.波瑟穆斯(J.H.Posthumus)。站在J.H.波瑟穆斯右边的是后来升任经理的副经理F.C.威德。后排次要位置、戴眼镜、从别人肩膀中间向外看的男子是B.A.范普罗斯迪,以后的副经理。照片约拍摄于1955年。Brill Coll.

出版社和印刷厂要上马一个新项目——一套盲文出版物,这是博睿排字工要掌握的一组新的奇怪符号。《伊斯兰百科全书》是过去的遗产,现在修订的时机成熟了。1948年,新版首次被谈及。一年后,将要组成国际编委会的那些阿拉伯学学者们在莱顿召开了第一次会议,计划在战前版本的基础上修订,换句话说,仍出版四卷和一个增补卷。第二版准备出版英文和法文版,德文版不再被认为切实可行。这项工作预计将在10年内完成,但结果证明这是相当乐观的计划。1953年完成了第一分册,直到1960年合订本才问世。直到2006年,第2版、14卷百科全书才最终出齐。博睿再次开启了一项具有里程碑意义的出版工程,没想到项目持续了长达半个多世纪的时间。然而,作为一个独立的项目,1953年,由牛津大学教授 H.A.R.吉布(H.A.R.Gibb)完成的《伊斯兰小百科全书》(The Shorter Encyclopaedia of Islam)出版,这是在福克斯战前就通过的一个合同的基础上完成的。这本书先后出版了四个版本,2001年最新版本的名称为《简明伊斯兰百科全书》(Concise Encyclopaedia of Islam)。

一个时代的结束

老莱茵河路的孤儿院不再能满足工人和设备的需要了。从1954年起,公司一直在讨论为印刷厂建一座新的厂房,从长远来看,这个新地方也要能容纳出版社。博睿只能提供部分自有资金用于新厂的建设,但有两家银行基于公司的经营状况,准备提供贷款。1958年秋,和莱顿市议会的谈判促成公司购入了一块面积近2.5英亩的地块,这块土地位于莱顿市南郊。

波瑟穆斯为建设新建筑做好了准备,但是他把建筑的完工留给了别人。截至1958年4月,过完78岁生日不久,他就从经理职位上退休了。和其他"继承博睿最高职位"的人不同,这次过渡非常平稳:担任副经理职位多年的小F.C.威德被任命为经理;B.A.范普罗斯迪被任命为副经理。波瑟穆斯继续留在公司担任顾问,想此后全身心投入史料编纂工作中。他发现了一个主题,能把他过去的经济史爱好和在

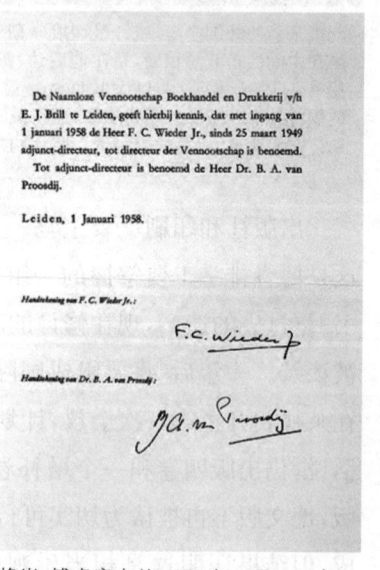

换岗:博睿宣布从1958年1月1日起,小F.C.威德任经理,B.A.范普罗斯迪任副经理。BA/ULA

博睿培养起来的对东方世界的兴趣结合起来。过去几年里,他已经启动了一个"东方经济和社会史系列"(Economic and Social History of the Orient),初步估计,该系列将包括大约30卷图书,这是一个雄心勃勃的国际合作项目。为这个系列做准备时,他又在1957年创办了《东方经济和社会史》学术期刊(Journal of the Economic and Social History of the Orient),迄今博睿还在出版这个期刊。基于同样的历史观点,波瑟穆斯在1956年发起成立了莱顿大学"中东和远东研究所"。该研究所将关注东方的历史,而莱顿大学则培养阿拉伯语言研究的传统。

这位历史学家眼下还未把精力集中在阿拉伯世界的社会经济史研究上,因为他想完成他的《荷兰日用商品价格史》第2卷。1960年2月26日,80岁生日的当天,他拿到了书稿一校样。不幸的是,他没能活着看到该书的出版。几个月后,1960年8月18日,波瑟穆斯去世了。他最后一部著作也在其去世后由博睿出版。

茁壮成长(1958—1979):弗雷德里克·卡斯帕鲁斯·威德[①]

没有以卢奇曼斯名字命名的街道

就像整个荷兰经济一样,博睿也在1960和1970年代经历了一个极度扩张的时期。1958年营业额为200万荷兰盾,20世纪70年代下半期,年平均营业额超过1200万荷兰盾。现在公司单个业务部门的营业额要远高于过去多年整个公司的营业额。如1972年,仅出版社的营业额就几乎达到550万荷兰盾,

---

① Frederik Casparus Wieder,即前文提到的小F.C.威德。——译者注

印刷厂达到 450 万荷兰盾。公司的整体利润增加至 60 万～70 万荷兰盾，对博睿来说这是前所未有的，但由于营业额的迅速增长，这个数字还是低于人们的预期。在这 20 年间，工资和物价的迅速攀升也对公司的利润造成显著影响。尽管如此，公司利润的增长还是远远领先于通货膨胀率。这一时期，股份资本从 26 万荷兰盾增长到 86 万荷兰盾。1965 年，发行价值 10 万荷兰盾的新股。1972 年，再次发行价值 50 万荷兰盾的新股。

1961 年春，博睿的印刷厂迁入普兰坦大街新大楼。1985 年，出版社也迁至此。Brill Coll.

  1960 年春，新印刷厂建筑奠基。招标之时，原来的建筑计划造价很高，因此，不得不节省新厂房的建设费用。建设并装备新厂房总计需要 100 万荷兰盾，一半由公司的自有资金支付，幸亏前些年储备了不少资金。新建筑位于一处平淡无奇且无人居住的无名街道上。博睿向市议会提议给这条大街命名，并提出许多可能的名称，这些名称的灵感都来自莱顿悠久的出版历史。不幸的是，在市议员眼里，并未发现用卢奇曼斯来命名这条街道的魅力所在，最终，这条街道被命名为"普兰坦"（Plantijn）大街。普兰坦是 16 世纪来自安特卫普的印刷工，他在莱顿住了几年。

在博睿公司看来，这个名称至少也包含了一点历史元素：普兰坦是萨拉·范穆申布鲁克的曾祖父，而后者则是公司创始人乔达安·卢奇曼斯的妻子。

1961年5月和6月间印刷厂进行搬迁。一年后，扩建储藏室及出版社办公室的计划被无限期推迟。眼下，出版社仍然留在老莱茵河路，幸亏印刷厂搬走，这里有了更多的空间。中文排版室最初留在老地方，但到1964年，也迁至普兰坦。可利用的投资都投在了扩大生产能力方面。出版社的发展必须建立在印刷厂能够处理日益增多订单的前提之上。

在孟买印刷

尽管对新设备投资不少，但印刷厂还不得不全力应付积压的订单。最大的问题是难以招聘到合格的员工，不只是劳动力短缺，也与住房有关。20世纪60年代，市议会并不热衷于住房建设，而只有解决住宿问题外地排字工才愿意来莱顿。1961年博睿引入一项全体员工利润分享计划，想让公司对新员工更有吸引力。即使如此，印刷厂和排字房也遭遇了员工短缺的问题，出现了自相矛盾的后果：1965年，因为缺乏手工排字工，铸排机不得不经常停机，因为机器操作工不得不去赶积压的手工排字订单。因为排字机操作员仍然接受过古老工艺的训练，这种技术上的倒退

莱顿市议会在1961年7月7日发布决定称，位于特雷克夫利特韦格路（Trekvlietweg）和运河路（Kanaalweg）之间的无名街道将被命名为"普兰坦"大街。Brill Coll.

式发展才得以实现。

由于博睿自己的生产能力有限，一些印刷订单只好外包给一家奈梅亨（Nijmegen）的印刷厂。而且，公司还求助于比利时的公司——这些公司只需一半的费用即可提供服务——从而大幅降低了成本。1963年，一本阿拉伯文图书甚至被外包给孟买的一家印刷厂，显然那里有印刷这类图书的技术。1970年左右，生产能力的问题让威德开始试验和阿姆斯特丹的一家公司合作，利用数码排字机（Digiset）排字。在这一过程中，排字被简化为将数据输入到打孔卡或磁带上，通过这样方法，印刷过程由一台计算机主机控制。数字技术还处于萌芽阶段，尚无法替代热金属铸排（hot-metal typesetting）和胶印。然而，威德的设想是，未来所有的排版将由电脑来完成，可以说，未来电脑将在整个出版业扮演重要的角色。这个预测实现的时间比他预计得还要更早：1979—1980年，博睿购买了五台专业电脑用于"照相排版"。

精简传统

20世纪60年代初，博睿一年出版70种图书，而到了20世纪70年代后期，这一数字增加到平均每年175种。就像波瑟穆斯和福克斯在他之前所做的一样，在每年的股东大会上，威德也习惯于引述前一年最重要的图书。然而，1970年，他却不再这么做了——因为这一年出版的图书实在太多了。这种增长不能仅仅用公司的内在增长及其销售机会，尤其是美国市场，的增多来解释。博睿收到的手稿数量也在持续增加，这是因为其他出版社对出版印数少的专业著作越来越不感兴趣。经济繁荣时期其他出版社受到利润的诱惑巩固了博睿在其传统小众图书市场的地位。

从诞生伊始，学术出版就是博睿出版目录中重要的组成部分，但经过20多年的发展，学术出版成为出版社最主要的特征。许多出版物被纳入至今仍在出版目录中的专著系列中，不过一些系列的名称发生了改变。这些系列包括：古代哲学系列（Philosophia Antiqua)、《旧约》和《新约》研究系列（Old and New Testament Studies)、古代东方碑刻资料系列（Documenta et Monumenta Orientis Antiqui)、宗教史研究系列（Studies in the History of Religions)、犹太教研究系列（Studies in Judaism)、乌特勒支东方学系列（Orientalia Rheno-Trajectina)、莱顿汉学系列（Sinica Leidensia）和国际社会学和社会人类学研究系列（International Studies in Sociology and Social Anthropology）等——系列的数量相当庞大，以至于不能全部提及。这些系列中的大多数都与学术期刊相联系，这一时期约有 30 种期刊。

随着图书出版数量的增加，出版社的学术人员也增加了。1965 年，副经理 B.A.范普罗斯迪退休后继续担任总编辑。汤姆·埃德里奇（Tom Edridge）被任命为副经理，负责古典学领域的出版，而 F. Th. 迪凯马（F. Th. Dijkema）则负责阿拉伯学领域的出版。在日益专业化的进程中，博睿的学术出版传统得以强化。出版社将其最独特的传统特征转化成了公司的核心业务，并充分利用了过去的历史。

威德一再指出，出版社应该重点出版"成功的系列书、补充作品，以及权威著作"。最后一类图书包括那些一直在进行中的项目，新版《伊斯兰百科全书》四卷已在 1960—1978 年间出版。B.

1959 年，伊朗国王穆罕默德·雷扎·巴列维（Mohammad Reza Pahlavi）对荷兰进行国事访问。在阿姆斯特丹水坝广场的皇宫招待会上，他被赠予一本用红犊皮装订的图书，这是刚刚出版的《古代伊朗考古学》(Archeologie de l'Iran Ancien, 1959 年出版，1966 年第二版）。从左到右：穆罕默德·雷扎·巴列维国王、作者 L.范登伯格（L.van den Berghe)、经理小 F.C.威德、副经理 B.A.范普罗斯迪。BA/ULA

斯普勒（B. Spuler）等人撰写的《东方学手册》（Handuch der Orientalistik）也属于这个范围。1952 年以来，该书分 8 个部分出版。另一项里程碑式的系列书是土耳其作者穆罕默德·法特·塞兹金（Mehmet Fuat Sezgin）撰写的 9 卷本《阿拉伯文学史：1967—1984》（Geschichte des arabischen Schrifttums：1967 - 1984）。1969 年，第七版《圣训和穆斯林传统文献索引》（Concordance et indices de la tradition musulmane）的最后一卷出版，这个项目是 A.J.温辛克在 20 世纪 30 年代启动的，最后由阿拉伯学者 J·布鲁格曼（J.Brugman）完成。J.布鲁格曼也是博睿公司的监事。回顾这些项目，可以看出博睿特别喜好其他出版社刻意回避的项目。

盗版

《圣训》（Concordance）是伊斯兰传统口语的汇编，对穆斯林来说，其重要性仅次于《古兰经》。阿拉伯世界有许多人对这本书有着浓厚的兴趣，这并不令人吃惊。这部书的原版非常昂贵。1970 年，在原版刚刚完成一年后，贝鲁特出现了盗版《圣训》。

20 世纪 60 年代中期博睿的印刷工。Brill Coll.

消息传到莱顿，博睿图书销售公司经理乔普·范德瓦勒（Joop van der Walle）就乘机前往黎巴嫩，莱顿的一个阿拉伯学者陪同并担任翻译。范德瓦勒成功拿到了被法官扣押的印版，并买下了剩余的全部盗版书。然而，整个事件造成了 5 万荷兰盾——其中包括高昂的法律费用——的损失。莱顿的这套七卷本图书定价 2300 荷兰盾，而盗版的售价还不到正版的四分之一。黎巴嫩的盗版书被运送到荷兰后，并未被销毁，相反，博睿试图把质量低劣的盗版当作廉价的"学生版"销售，以弥补损失。

胶印技术让盗版者更容易采用照相制版来盗版。在这种情况下，还可以采取法律手段，但对那些 50 年后版权期满的作品来说，公司也没有法律追索权。如 M.J. 德戈耶的《阿拉伯地理文献目录》（1870—1894）被非法出版，博睿却很难自卫。为了防止他人获得出版书目中的老版书，博睿公司开始主动重印、发行一些作品，同样以照相制版的方式印刷。这样，作为一项预防性措施，博睿出版了 M.J. 德戈耶的新版《塔巴里编年史》，这套书最早出版于 1851—1876 年间，共有 14 卷。出于同样的原因，之后重印了第一版的《伊斯兰百科全书》，其版权将于 1986 年到期。中东已经出现了这套书的盗版。不幸的是，从长远看，博睿在黎巴嫩的干预行动并无多大效果，因为根据一些报告，有多种《圣训》盗版图书在阿拉伯世界发行。重印也对古旧书店极为不利，古旧书和珍稀图书因此失去了价值。

《圣训》一书的广告页，1992 年。这不是盗版版本，而是博睿自己重印的版本。BA/ULA

英国的博睿

古旧书店是博睿公司最不稳定的一个业务部门。其营业额某年能达到 100 万荷兰盾，过一年或许会下降到 50 万荷兰盾，这完全取决于市场。因此，其收益波动很大。1976 年，古旧书店亏损 5 万多荷兰盾，但一年后赢利近 35 万荷兰盾。

接替了原海德尔堡分支机构的科隆分支机构未能如愿发展成一个德国的批发中心。一年又一年，得过且过，或略有亏损，或略有赢利。1971 年，博睿发现，四年来德国分公司的经理因为担心子公司被关闭，一直在美化财务情况。从长远看，开设斯拉夫出版部并不现实，最终博睿 1973 年放弃了该计划。同年，博睿接手了伦敦布莱斯书店（Bryce），书店位于伦敦博物馆街，邻近大英博物馆。作为一个整体，莱顿把博睿的零售店（"新书店"）整体从莱顿迁至伦敦。

此后，博睿-莱顿由老莱茵河路的出版社、普兰坦大街的印刷厂和新莱茵河路的古旧书店，以及两处仓储中心组成。截至 20 世纪 70 年代末，博睿母公司大约聘用 120 位员工，博睿-科隆公司聘用 7 人，博睿-伦敦公司聘用 15 人。

《博睿周刊》

1967 年 9 月 9 日，第 1000 期《博睿周刊》（*Brill's Weekly*）出版。这里还是要谨慎一些，因为还不完全清楚，这个里程碑是如何达到的。1938 年，福克斯开始制作"每周新书清单"，这是一个供散发的、印刷几百份的单页小广告。二战期间，英文推荐书目制作中断，但从 1946 年起，"图书清单"和"每周书目"开始大量被发送世界各地，以发布新书信息。从 1952 年 6 月开始，这些书目被以"博睿周刊"的统一名称出版。但严格地说，1967 年，其期数应该不到 1000。而且，尽管名为"周刊"，它也不是每周出版一期。显然，为了凑到这个具有里程碑意义的数字，所有以前出版的相关书目都被计算在内。

博睿在伦敦博物馆街的分支机构。Brill Coll.

第一期只是简单介绍博睿出版图书的内容,但是,第 1000 期就相当规范了。在这个过程中,形成了这样的风格,即每期都针对某一研究领域,并引用相关的新文献。《周刊》不仅要讨论博睿某一主题的相关出版物,而且还要讨论其他出版社出版的作品。没过多久,这种单页广告就发展成一种评介最新学术著作的国际知名刊物。《周刊》不再是一种促销性的内容介绍,而成为一种传播博睿学术出版声誉的媒介。每期《周刊》都精心设计,出版前三个月,员工们就开始收集各种图书信息。这种以主题来编排的《周刊》为读者提供了一种包含最新的学术文献信息的方便工具。

《博睿周刊》第 1000 期。BA/ULA

合并还是收购?

博睿在 20 世纪 60 年代的繁荣让它成为一个吸引人的合并或兼并对象。1965 年 5 月,荷兰北方出版社(North-Holland Publishing House)的经理及其所有人 M. D. 弗兰克(M. D. Frank)提议博睿与该公司合并。起初,威德相当喜欢这个主意,而监事们都反对。然而,其后角色彻底反转,监事们倾向于合并,而威德却开始反对这个提议。在 1967 年初的一次监事会会议上,此事引发了热议。其中一位监事将合并作为其继续任职的条件，而另一位监事则表示，从长远看，博睿将无法永远保持独立出版商的状态。轮到威德发言时，他称，因为两家公司不能兼容，合并将会完全失败，而且"博睿的特征"也会在合并中丧失殆尽。他坚持己见，监事们退让了。

20 世纪 60 年代中期，排版工在操作排字机。Brill Coll.

代表现代荷兰出版业的大型出版集团正是在这一时期出现的。爱思唯尔正在一家又一家地收购其他出版社，而且也把急切的目光投向了博睿。或许爱思唯尔及其竞争对手库尔（Kuwer）同时产生这一想法并非偶然，后者刚刚吞并了詹克·威林克出版社（Tjeenk Willink）。这样，才会出现两家出版社的代表同在 1969 年 1 月的某一天，不过不在同一时间，拜访威德的情况。两位代表都小心翼翼地告诉他，他们各自的老板非常有兴趣收购博睿。威德拒绝给予承诺，并向监事们报告。此后，库尔再无任何消息，但爱思唯尔并不死心。8 月底，它又送来收购博睿的书面建议。大约就在此时，爱思唯尔收购了几年前曾想和博睿合并的荷兰北方出版社。此次收购进一步揭示了独立性问题在博睿内部的敏感性：在 5 周后的第二次沟通中，爱思唯

左图：狄公在思考案件。高罗佩绘画，来自《中国迷宫谋杀案》(The Chinese Maze Murders)一书。1950年第一次出版。右图：原狄公。高罗佩绘画。①

① 博睿有许多卓越的作者，其中就有高罗佩(Robert Hans van Gulik, 1910—1967)。他是汉学家、外交官，还是侦探小说作者，著有以狄公为主人公的著名侦探小说。这位蓄须的地方执法官是在中国古代巧妙地破解了各式复杂犯罪的侦探。狄公是7世纪的一个历史人物，后来成为18世纪中国犯罪小说的主角。高罗佩把《狄公案》译为英语，并在1949年出版，这就是《狄公案：中国古代的侦探故事》(Dee Goong An. An Ancient Chinese Detective Story)。第一篇译自一个已有文本，但其后的14篇小说都是他自己创作的。高罗佩对犯罪史的兴趣也反映在其他作品中，如《棠阴比事》：梨树下的两桩相似案件，一本13世纪法学及侦查教科书》(T'ang-yin-pi-shih. Parallel Cases from under the Pear-tree. A 13th-century Manual of Jurisprudence and Detection)。1956年，博睿出版了这部古代司法手稿的译文。但是《狄公案》达不到出版社所要求的高学术标准。从商业角度看，这是博睿犯的一个大错：高罗佩的犯罪小说被译为24种语言，迄今仍然是一部国际畅销书。

出版《狄公案》的日本出版商想给该书配一些具有情色意味的插图以促销该书。高罗佩还是一个极熟练的绘画者，在日本出版商的请求下，他自己绘制了一些略带色情意味的插画。这样的事不胜枚举。1951年，他自费出版了《明代彩色情色版画》(Erotic Colour Prints of the Ming Period)，这是一本色彩优美且罕见的稀世珍品。因为是手工印刷，仅印刷了50部。除了对中国古代色情历史的中英文研究，这部书还包括画册《花营锦阵》。高罗佩解释道，他在一家名声不太好的古董店发现了这本明代情色画册的原始木刻版。这是一次独特的发现，现在他想出版该书，以有益于知识界。然而，为了预防这些春宫画木刻版被滥用，他决定销毁这些刻版。

这些春宫画木刻版下落不明，也引起了一些有关高罗佩的谣言，称他自己设计了部分春宫画。至少可以说，这些木刻版和高罗佩的《狄公案》插图风格确实有些相似。在发表了有关色情史方面的论文后，高罗佩后来又写了《中国古代房内考》(Sexual Life in Ancient China)，该书1961年由博睿出版。2003年，博睿重印了《明代彩色情色版画》。

尔不再提及"收购",而是要把博睿"并入爱思唯尔科技出版社的联合机构内"。

在博睿,这个建议引发了热议,就像几年前一样。监事们认为,在这种安排下,公司的独立性将会得到保证,他们也指出了扩张的优势。威德坚决反对把公司并入一家更大的组织中,再次强调了博睿形象的重要性。他并不相信爱思唯尔将尊重博睿的独立性,他的怀疑也不是没有道理。这次他也拒绝就此事做出妥协。监事们再次做出让步。1972年,爱思唯尔购买了许多博睿的股票,显然旨在参与博睿的经营。然而,股份太少,以至于无法对股东大会进行任何操纵。另外,为了阻止这种威胁,博睿把许多优先股给了可靠的人。

与此同时,和位于莱茵河畔的阿尔芬镇(Alphen aan den Rijn)的萨姆森出版社(Samson)的合并也被否决。这家公司后来和莱顿的西特霍夫出版社合并。有关合并或收购的内部讨论增强了博睿对其个性的自我认识。而且,这些年来,公司已经强大到可以走自己的道路了,这一点越来越明显。

1979—2008年:巩固与发展

300年庆典

威德管理一直处于扩张中的公司长达20多年,1979年,他在68岁时退休了。就像波瑟穆斯退休时的情况一样,经理的更替进展平稳,古典研究书目编辑、1974年以来就担任副经理的汤姆·埃德里奇被任命为经理,接替威德。章程约定,只有荷兰人才能担任公司经理。埃德里奇出生于新西兰,这需要对公司章程略加修改。不幸的是,埃德里奇接手公司管理事务不到一年就去世了。

威德暂时接手经理之职,等待新经理的任命。显然在公司内部找不到候选人,令人吃惊的是,公司选择了鹿特丹生物教师威廉·巴克休斯(Willem Backhuys)。巴克休斯以腹足类或蜗牛类研究论文获得了博士学位,用生物学家的术语说,这使他成为一个软体动物学专家。他也有一家出版生物和软体动物图书的出版社,被博睿收购,并使用博睿的商标。过去有段时间,博睿在这个领域也很活跃,但在1980年左右,生物领域实际上从博睿消失了。博睿希望巴克休斯能让生物领域的出版起死回生。他为此投入不少精力,努力的结果是生物部分很快就占到了博睿出版物总量的十分之一。

巴克休斯不仅关注现在,也需要关注过去。1983年,博睿庆祝成立300周年,这是从1683年乔达安·卢奇曼斯开始图书销售业务算起的。周年纪念伴随着许多庆祝活动。莱顿市档案馆举办了一个卢奇曼斯家族和博睿发展史展览。六位学者各自撰写一篇文章探讨其研究领域和出版社发生的历史联系。他们的文章代表了博睿出版目录中最重要的组成部分:宗教研究、犹太学、亚述学、埃及学、阿拉伯研究、伊斯兰研究、

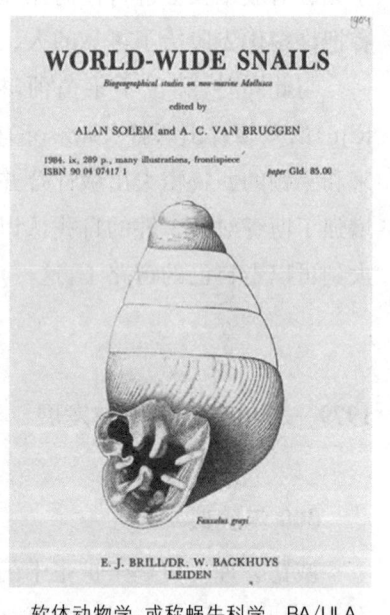

软体动物学,或称蜗牛科学。BA/ULA

印度学、汉学、日本研究和古典古代研究。巴克休斯写了一篇有关以前博睿出版生物领域图书的情况的文章,抓住机会为自己的领域发声。

这些稿件被收入纪念文集《在帕拉斯的庇护下》(*Tuta sub aegide Pallas*)一书中。在高地教堂(Hooglandse Church)举行

的一次集会上，该书首次被赠送给教育和科学部部长。庆典期间，博睿还出版了一本《1683—1983年简明出版目录》(*Short-Title Catalogue* 1683‐1983)，收入大约5000种图书，这些出版物给人们留下了深刻印象。

300年来莱顿和博睿保持着密切的关系，为此，莱顿市授予博睿金质荣誉勋章。莱顿市长在发言中评价道："（博睿）对莱顿的就业和赢得国内外声誉做出了巨大的贡献。"最后，还应提到庆典期间安条克大主教访问莱顿一事，这位高级教士获赠A.斯珀伯(A.Sperber)的一套四卷本《亚拉姆语圣经》(*Bible in Aramaic*)。这件礼物以一种合适的方式展现了出版社的历史：乔达安·卢奇曼斯最早出版的一批图书中就有卡洛斯·沙夫的《阿拉姆语研究》(1686年)。

迁址

1983年还有另一场庆典。这一年正好是博睿迁入位于老莱茵河路的前孤儿院旧址100年。这件大事要以一种不同的方式来庆祝，即把出版社也迁入普兰坦大街的新址，装修印刷厂以腾出更多的办公空间。同时，还决定在附近的佐特沃德(Zoeterwoude)建一个仓储中心，以用于集中储存分散于莱顿各处的图书。

与迁址联系在一起的是旧建筑，这些旧建筑不得不被腾空。考虑到一个

《1683—1983年简明出版目录》，在博睿成立300周年期间出版。从手写的"不许触摸"的提示可以看出，该书的拥有者非常看重这本书。BA/ULA

世纪以来积攒了不少物品,这并不是一件轻松事。1985年搬迁结束,留下了废弃的营业场所,这所建筑物正面仍然有"E.J.博睿"的醒目字样。这所建筑不仅让以自己的名字命名公司的人名垂千古,也是对现代博睿出版社的奠基者范奥尔特和德斯托佩

1983年成立300年庆典期间,莱顿市议会赠送给博睿的荣誉勋章。Brill Coll.

拉尔的有形的纪念。更有意义的是,它也是对100多年来献身于博睿事业的那些人的一种纪念,他们的人数高达数千人,这些莱顿人的一生都与博睿的事业息息相关。这座空置的建筑以一种沉默回应着百年来的忙忙碌碌。那些喜欢擅自占用空房的莱顿人目前占据着博睿以前的这处旧建筑,他们已在这里建了一个蘑菇苗圃和一家二手服装店。

幽灵般的恶意收购者

还是在1985年,一波更大的恐慌潮向博睿袭来。有谣传称,来自比利时的一个神秘投资人正在大规模购买公司股份,旨在收购博睿公司。据推测,这个幽灵般的投资人已经通过狡猾手段获得了70%的股份。为了阻止公司被恶意收购,一种保护性措施,即"卢奇曼斯基金"(Luchtmans Foundation)被迅速拼凑起来。紧急情况下,公司会被授权大量发行累积优先股,最大可占已发行股份总股本的50%。在即将被收购的情况下,这些优先股可被转让给卢奇曼斯基金,以便基金将来有足够的投票权来阻止入侵者。

卢奇曼斯基金并没有必要拿起武器来对抗这种据说已买下博睿近四分之三股份的偷偷摸摸的收购者。事后证明,有计算上的小失误。外来者买的并不是1000荷兰盾的全额股份,而是

购买了100荷兰盾的拆分股份。威胁也随着股票比例的披露而降低。因为外来者所谓的70%股份实际上还不到7%。即使如此,卢奇曼斯基金都是一种保护性措施,几年后将会证明它的用处。

1985年,出版社迁入普兰坦大街,1961年以来印刷厂就已迁至在此。位于老莱茵河路33号a的建筑被腾空。Brill Coll.

20世纪70年代的快速增长并未持续到80年代。营业额稳定下来,平均额要比前10年低一些。1981年,公司亏损20万荷兰盾,这是人们根本没想到的。但是这被接下来几年所取得的40万~50万荷兰盾的利润所抵消。1984年和1986年,公司收入大约100万荷兰盾。出版社的图书出版数量仍然保持在

20世纪70年代的水平上，一年大约出版200种图书，此外还出版30多种期刊。

印刷厂逐渐变成了公司"难管教的孩子"。日益上升的成本让印刷部门在20世纪80年代变得越来越难以盈利。只有中文和日文图书仍在使用手工铅字排版。莫诺铸排机和英特泰普铸排机（Intertype）已经从排字房消失，因为热金属铸字排版技术已经过时。排版已升级为照相制版，而印刷厂主要从事胶印。1987年随着中文手工排版工的退休，活字印刷永远终止了。此后，中文或日文排版工作外包给了远东地区。然而，尽管引进新技术，逐步减少印刷工人，但印刷厂仍在亏损。

来自老莱茵河路建筑的纪念品：这个指示牌提示客人上楼的路线。BA/ULA

博睿和布朗

1987年财年，博睿遭遇了70万荷兰盾的意外亏损。公司历史上极少有亏损的记录，这么大的亏损额令人吃惊。亏损的部分原因是宏观经济环境，美元汇率走低，这对像博睿这样国际化运营的公司来说极为不利，美国是公司图书的最大市场，因此影响会更大。此外，这一时期，就像其他地方一样，出版社正在向计算机化转型，其间伴随着开支的增大和不可避免的损失。印刷厂加剧了公司的亏损。

此外，巴克休斯的管理也对亏损负有责任。尽管公司内部只有一小部分人承认有必要成立海外分支机构，但经理还是决定要在海外建立新的分支机构来促销图书。成立较早的德国和英国海外分支机构几乎不赢利，而在丹麦和美国新设立的分支机构眼下都还处于投入阶段。1987年，巴克休斯对全球化的热衷促使他以50万荷兰盾的价格买下了澳大利亚罗伯特·布朗出版社(Robert Brown)的大多数股权。根据经理的说法,这家澳大利亚子公司将会在新西兰和巴布亚新几内亚为博睿赢得很多声望,他把巴布亚新几内亚描述为"一个产生许多人类学和生物学文献的美丽国家"。收购罗伯特·布朗出版社后来被证实是彻头彻尾的浪费:这家小公司只出版旅行指南,除了布朗先生外,只聘用了一位员工。

博睿的许多人都认为巴克休斯沉迷于其生物学爱好之中,花了公司不少的钱。他们不只批评他的管理,还有他的态度。这位经理仿佛认为自己来到了一个风景如画但年代久远的博物馆,不得不把里面打扫干净。这个比喻似乎并非是对威德留下的这家优质公司的准确描述。巴克休斯在员工的管理上面临困难,他把员工视为"老卫兵",他们落后于时代,对他搞阴谋。反过来,这些高素质的员工也不太欣赏经理或他所倡导的革新,其他员工也对巴克休斯傲慢、自负的行事方式感到厌恶。

危机

1987年博睿遭遇的巨额亏损把孕育中的紧张状态推到了极致。1988年5月,工会给经理写信,要求对每年糟糕的经营状态和扣发员工津贴的行为做出解释。巴克休斯急匆匆找到工会秘书,把这封信烧了,并把正在燃烧的信件扔到秘书的办公桌上。工会主席亲自给经理写了第二封信,但后者当着不知所措的送信人的面,把信烧了。这样的行为很难缓解公司的紧张氛围。

当工会随后向监事们提出控告时,经理还在生气。担任监事会主席25年的E.H.范德博格尔教授(E.H. van der Beugel)要求对巴克休斯的管理进行独立调查。然而,他未能说服监事们展开调查的必要性。范德博格尔愤而辞职,监事会主席之职被鹿特丹商会(Rotterdam Chamber of Commerce)主席R.P.M.德博克(R.P.M. de Bok)接替。几个月后,监事们最终达成一致,公司的管理层必须接受调查。外部专家的调查结果极为骇

博睿的代表性图书《伊斯兰百科全书》。关于这部经典作品的发展历史可以写一整本书。1895年形成计划,但直到1908年包含字母A的第一分册才得以出版,1913年,第一卷出版。第一版共5卷,最终于1936年以法文、英文和德文出版。二战结束不久,博睿计划出版该书第二版,这次只用英文和法文出版。计划出版4卷,以及附录,而且还认为可以在10年内完成。但完成所需的时间被大大低估:直到2006年,包括12卷和索引在内的第二版才得以全部出版。从这份为美国市场制作的内容说明可以看出,1996年时该书还在编辑中,其时第二版已经完成8卷。博睿目前正在编辑第三版,该书的第四个部分已在2008年6月出版。
BA/ULA

人，以至于到11月底巴克休斯被停职。据对员工发布的颇具讽刺意味的公告的说法，经理"无限期休假"。

1989年1月，以前受聘于萨姆森-西特霍大出版社（Samson-Sijthoff）的弗兰斯·普鲁伊特（Frans Pruijt）被任命为代理经理。接下来的几个月里，公布的1988财年的数字甚至比1987年更糟。博睿遭受了前所未有的亏损：亏损190万荷兰盾。除员工和监事外，现在股东们也参与此事。1989年3月初，一场不同寻常的会议召开。会上，股东们不得不决定巴克休斯的解聘和解聘方案。许多股东要求对事态做出解释，并公开外部专家报告。监事们拒绝了后一项要求，因为他们已经同意巴克休斯的意见，不把家丑外扬。一个大股东公开指责监事会管理不当，还威胁要提交不信任动议。在他看来，监事会正在企图掩盖他们在报告中也遭到批评的事实。这次，事情还仅仅限于威胁。

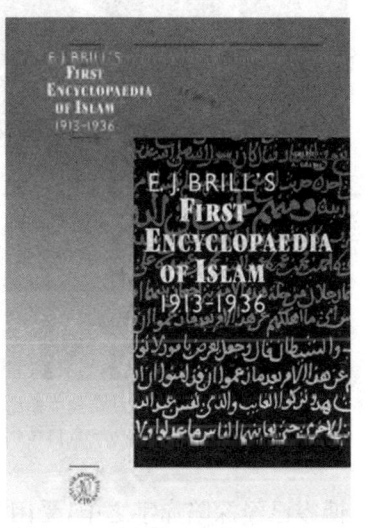

当学者们正在编辑《伊斯兰百科全书》第二版时，博睿于1987年重印了该书第一版，这次重印旨在阻止盗版，因为该书版权在1986年到期。BA/ULA

然而，事情变得越来越复杂，因为这些"爱挑剔"的股东或是巴克休斯的老相识或是他的姻亲，他们共同拥有大量的股票。解聘经理在这些股东和监事之间恶化为一场冲突，支持监事的是其他的股东和员工。一篇又一篇的新闻都在报道博睿——在此之前一直是一家拥有无可挑剔的声誉的可靠企业——的困境。1989年上半年，公司被大量的负面新闻报道淹没。因为每个人似乎都在和其他人在争吵，所以外人很难理清公司的内斗。

铅活字时代在20世纪80年代中期结束。一个排字工正在腾空铅字盘。只有中文和日文图书的手工排版一直持续到1987年。Brill Coll.

博睿已经深陷赤字之中,受困于各种问题,这再清楚不过了。人们开始担心公司是否还有生存下去的机会。

1989年4月初,巴克休斯的姐夫、监事J.H.肖尔特(J.H. Scholte)突然辞职。他在第二次特别股东大会召开的前一天公布了自己的决定。肖尔特宣称,他不同意他的监事会同事解聘巴克休斯,他对1988年的年度数字持批评态度。这难免给人一种他知道第二天的会上将会发生什么事的印象。事实上,在股东会上,巴克休斯一派的股东们试图通过解聘监事会来夺权。这个阴谋失败了,因为监事们充分利用了"卢奇曼斯基金"的优先股,这让他们获得了占很大优势的多数票投票权利。551票支持,1300票反对,巴克休斯支

微型工业纪念物,来自一台铸排机的铸模。BA/ULA

持的不信任动议被驳回。

保护性措施的启用遭到不满的股东的挑战，他们主张，目前的情况不涉及敌意收购的问题。他们在海牙法院提起简易程序诉讼，但法官做出了不利于他们的判决。上诉高级法院也是同样的结果。这样，1989年的这些事件开始渐入尾声，这场已经深深地伤害了博睿公司的悲喜剧逐渐结束。

重组

所有的争吵都掩盖了一个更关键的问题：这场危机的发生和大幅下降的利润已经表明，博睿不能继续按现在的格局运行了。相反，公司要想生存，必须要进行改革。1989年1月，普鲁伊特任职后不久，就写了一个备忘录，设计出了公司不可避免的重组的方案。首先，不得不关闭所有的外国分支机构，不仅要关闭巴克休斯建立的那些分支机构，也要关闭成立多年的伦敦和科隆的分支机构。分支机构不能赢利，就销售、发行和约稿来说，这些分支机构几乎都起不了作用。依靠现代通信手段，莱顿可以向分布在世界各地的客户提供服务。博睿邻近阿姆斯特丹史基浦机场的战略位置在这方面是极大的优势，正如普鲁伊特所强调的："发行可以通过航空运输来实现，而不是通过许多分散的办事处。"

其次，印刷厂不得不与公司分离，这一决定将比关闭国外办事处更令人感到痛苦。1848年以来，博睿一直是一家经营"图书销售和印刷"的公司，出版社的国际声誉建立在其掌握的独特排版专长之上。对博睿来说，要终止这一光荣传统将无异于自断手脚，但是，多年来这个业务部门已不再赢利，这也是显而易见的。早在1983年，巴克休斯就相信，印刷厂是博睿难以摆脱的一个沉重负担。1989—1990年的危机让人们聚焦这个被推迟了许多年的关键问题，因为这个问题只有一种可以想到的补救措施。

普鲁伊特和职工委员会以及工会协商后，积极解决这个问题。制图工会承认，博睿已无法让印刷厂实现赢利，不得不对印刷厂进行重组。然而，他们确实也提出了要求，在重组过程中不要解雇员工。博睿也不想解聘还在印刷厂工作的 20 多位员工。达成的解决方案是，整个印刷厂将被另一家公司收购，工作岗位全部保留。位于佐特梅尔（Zoetermeer）的西格玛印刷厂（Sigma）同意从 1989 年 10 月 1 日起接手博睿的排版部门。

交易顺利生效了。转移到佐特梅尔的员工都收到了一份就业保证书。此外，博睿也保证，4 年内一部分图书将由西格玛公司来印刷。在相关各方看来，出版社和印刷厂的分离是按最优惠的条件来安排的。虽然不是因为博睿自身过错造成的，然而，结果证明这还是一个悲剧，5 年后，西格玛公司破产了。

作为精简公司机构的另一举措，1990 年古旧书店这个从博睿公司成立伊始就一直存在的部门也被关闭了。这一决定与其说是源于商店缺乏赢利能力，不如说是为了将博睿的所有活动限制在其核心出版业务上。而且，这一剥离安排没有任何问题，因为 1970 年来就一直担任古旧书店经理的里奇·斯密茨坎普想把书店变为自己的公司。他把位于新莱茵河路的书店更名为"东方古旧书店"。斯密茨坎普的公司是莱顿一家家喻户晓的公司，它将还是爱书人常去的地方，直到 2006 年斯密茨坎普退休。

复活

排字工离开后，出版社被留了下来，被遗弃在位于普兰坦大街的那幢空间过大的建筑里。印刷机和排字机也消失了，再无理由来抱怨办公空间不够了。接下来的重组中，有 60 人仍被博睿聘用，而五年前包括海外分支机构在内，员工总数曾经是现在的两倍。博睿回归到其核心业务，即出版业务。某种程度上，巩固机构标志着回归过去，因为卢奇曼斯家族也一直是没有印刷厂的出版商。

弗兰斯·普鲁伊特经理。Brill Coll.

普鲁伊特用常识性的说法总结了他对公司未来的理解：博睿应该"做我们最擅长的事"。他提到出版目录中很强势的一些传统领域，如百科全书、多卷本经典著作、手册，以及在宗教学、东方学、阿拉伯研究、古典研究和历史研究等领域出版的系列专著。出版社不打算再投身于新的冒险业务中，而是要努力巩固和发展自己的传统。20世纪60年代，威德也提出了同样的设想，但是普鲁伊特的优势在于可以在情况更容易摸清的公司内实施该计划。

剥离了无用之物，"更精简节约的"博睿从危机中诞生。多亏这次痛苦的剥离，博睿不仅能继续保持其连续性，而且也能恢复其历史传统。出版社可以按照自己传统的形式来发展，不再被其他业务部门拖累。与这次精简有关的是，冗长的名称"N. V. Boekhandel en Drukkerij voorheen E. J. Brill"也缩短了，图书销售和印刷业务消失了，"voorheen"（"原"）也就过时了。因此，公司被命名为"E.J.博睿有限公司"（E.J.Brill N.V.）。

从1990年起，普鲁伊特被任命为终身经理。原来预计1989年也是一个亏损年，尽管因重组产生很多开支，但当年还是取得了一点利润。一方面，在印刷厂剥离后，营业总额下降到650万荷兰盾；另一方面，出版社的营业额有所增长，主要是以前由外国分支机构完成的销售现在由莱顿实现了。

到20世纪90年代初，博睿已经逐渐恢复了元气。重生的一个标志就是出版"死海古卷"（Dead Sea Scrolls）的摹本和文本版。这是应以色列政府的要求，并与莱顿IDC公司合作的结果。因为素材的独特性质，这项委托任务极其光荣，而且从商业视角看，这也是一个有趣的项目。这个项目找到博睿是因为博睿此前出版了1945年在埃及沙漠中发现的科普特拿戈玛第古书经集（Coptic Nag Hammadi codices）的摹本和文本版。在死海古卷的带动下，出版社出版了一系列相关辅助书刊，包括一本名为《死海发现》（Dead Sea Discoveries）的特别期刊。缩微胶片摹本是IDC公司制作的，这家公司专门从事珍贵历史文献的摄影复制。和IDC公司的合作促成了该公司后来被并入博睿公司并成为博睿旗下的子品牌。死海古卷的摹本以数字格式被刻录在只读光碟（CD-ROM）上，并于1999年在网络上出版。

恢复元气的另一个标志就是1993年经济事务部给博睿颁发了出口奖。博睿获奖非常合理，因为荷兰再没有其他公司如此专注于国外市场：博睿95%的营业额都来自出口，共向104个国家发货。同年还发生了一件让人伤心的大事，在弗兰斯·普鲁伊特的管理下，博睿像一只凤凰浴火重生，而他却在48岁时突然去世。他轻松的举止非常适合他承担的沉重任务。早年他曾作为歌手"Drs.P."的专职司机与其一同在全国巡回演出，这位歌手因有诗意的荒谬歌曲而在荷兰著名，而普鲁伊特则以同样轻盈的风格把博睿公司从混乱中挽救出来。

扩张

1994年，赖诺特·卡斯特莱因(Reinout Kasteleijn)被任命为经理，此前他曾在在监事J.吉斯特(J.Kist)的指导下，进行了一段时间的临时管理。博睿这只浴火重生的凤凰现在准备展翅高飞了。1996年出版200种图书，营业额达到1580万荷兰盾，利润达到115万荷兰盾。出版社过去作为一个大企业的业务部门运营时，从未有过这么高的营业额和利润。1990年以来，又聘用了15位员工，现在员工总数已达到75人。

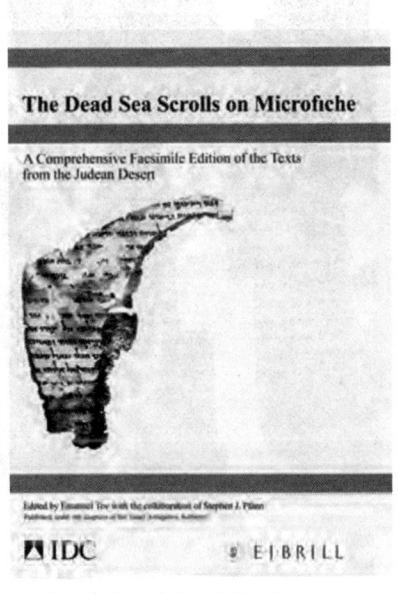

死海古卷摹本的内容介绍。BA/ULA

1996年，适逢另一项周年纪念，即阿德里安·范奥尔特和弗朗斯·德斯托佩拉尔成立有限责任公司100周年纪念。为了向公司成立百年表示敬意，博睿被授予使用"皇家"(koninklijk)头衔的特权。出版社的官方正式头衔现在变成"皇家博睿有限公司"(Koninklijke Brill N.V.)，过去名字中历史悠久的"埃弗特·扬"(Evert Jan)首字母不得不被省去以方便发音。其实，这个新地位并未给博睿的员工们留下深刻的印象，因为公司历史可以追溯到比1896年早很多的年代。此外，在与出版社有生意往来的许多国家里，皇家头衔并没有多少分量。博睿不认为有必要在公司标志上加上一个小皇冠：帕拉斯在盾牌后一切安好，没有皇冠亦游刃有余。卡斯特莱因相当随意地把这个荣誉总结为博睿被认可"是一家不错的公司"。

20世纪90年代初博睿最重要的一个项目就是出版"死海古卷"。缩微胶卷上的摹本是博睿和莱顿的IDC公司合作完成的，IDC是一家以复制稀有史料见长的专业公司。2006年以来，IDC一直是博睿的子品牌。Brill Coll.

一年后，这家更名的有限责任公司开始进入股票市场。成立以来，公司一直在"未上市证券市场"挂牌，但是这种老式、非主流的股票交易方式最终被废除了。因此，1997年7月，公司决定转向正式的股票交易市场。直到此时，大多数股份还掌握在一帮与博睿沾亲带故的行家手里，他们或为前经理的亲戚，或是员工、作者和学者。为了防止被里德-爱思唯尔（Reed-Elsevier）或沃尔特斯-克鲁沃（Wolters-Kluwer）等一些大公司吞并，公司采取了一些预防性措施。除了"卢奇曼斯基金"，还另外引入了一种预防措施，即规定新的股东只允许拥有最高不超过1%的股份。发行股票最主要的目的在于募集未来扩张所需的资金。

从那时起，博睿开始迈开大步前行，确实需要资本。1996年出版图书仍然还是200种左右，但到了2008年，就增至600种了。出版的学术期刊现在已经超过100种。相应地，员工也从1996年的75人增至2008年的130人。过去几年里，一些小出版商的书目已经被收购，它们都适合于博睿所服务的小众市场，包括人文出版社（Humanities Press，1998年）、VSP（学术期刊，1999年）、冥河出版社（Styx，近东历史和考古，2001年）、《伊斯兰索引》（Index Islamicus，2001年）、吉本出版社（Gieben，希腊语，2006年）和和井（Hotei，日本艺术，2006年）等。接管的较大规模的公司有前面提及的IDC公司（2006年）和马蒂努斯·尼霍夫出版社（2003年），后者是出版国际法、国际关系和人权等领域图书的一家知名出版社。博睿从而在这些学术出版领域拥有了重要的地位。VSP、尼霍夫、IDC和和井等均作为博睿子品牌出版图书。

1996年，为了向有限责任公司成立百年致意，女王陛下授予博睿自称"皇家"的权利。Brill Coll.

博睿充分利用互联网带来的日益增长的各种机遇，如与谷歌合作等。有关新出版物的信息也以电子形式发布，现在的出版物作品集就包括几种数字出版物。和俄罗斯，特别是和中国的联系得到加强，在这些国家也有了发行市场。图书的生产越来越多地发生在国外，包括印刷和排版。博睿不只是一家正在发展中的有实力的公司，而且也是一家正在发生巨大变化的公司。

博睿公司股票在阿姆斯特丹股市上市的首日行情。Brill Coll.

　　尽管如此,博睿还是一家依靠传统图书生存的公司。这在可预见的未来也不会有多大的差别。2006年完成的第二版《伊斯兰百科全书》也能以数字形式查阅,相同的数字版将会应用在该书第三版,目前第三版的编辑工作正在进行中。数字版的权威性来自《伊斯兰百科全书》第二版14卷的纸质图书和目前卷数未知的第三版。像20卷的《博睿新保利:古代世界百科全书》(Brill's New Pauly: Encyclopaedia of Ancient World)这样的庞大出版物将出版纸质版和电子版。2002年以来,该书已出版12卷。

　　博睿已经把普鲁伊特的话记在了心中,出版社要继续做它擅长的事,要利用一切机会来充分展现自我。过去制定的路线已经延伸到现在。博睿不仅继续做着它所擅长的事,而且现在做得很好,就像它强劲的发展所展示的那样。上市以来,博睿的股票排在股票交易所上涨最快的行列之中,基于公司的发展成就,博睿已经数次获"瞪羚奖"(Gazelle Award)提名。

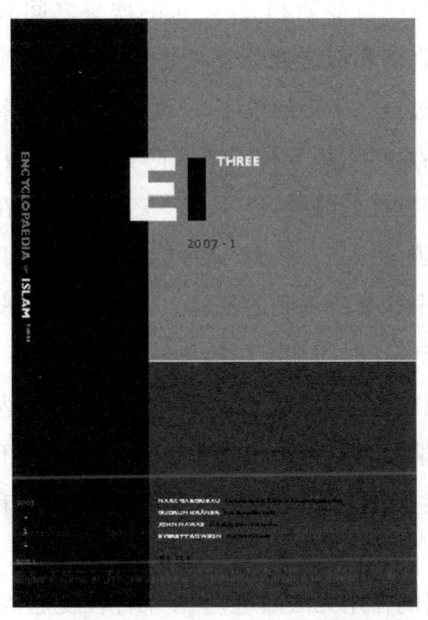

《伊斯兰百科全书》第三版第一卷封面。现在这套出版物享有如此高的声誉以至于封面上只要有"EI"的缩写就足够了。Brill Coll.

持续性

一家公司的历史就是过去时间里它所经历过的种种变化的记录。最后,这里要记录两个变化。2005 年,博睿再次搬迁,这次迁入了普兰坦大街的一座新建筑,新建筑能满足出版社的所有需要。1960 年建成时颇为自豪的旧建筑被拆除。无论如何,事情就是如此,这座建筑物并不像老莱茵河路的孤儿院那样具有重要的地位。第二个变化则发生于此前一年,2004 年 3 月,赖诺特·卡斯特莱因从经理职位上退了下来,赫尔曼·帕布鲁威接替了他。赫尔曼·帕布鲁威是 1683 年以来连续任职的第 18 位经理。我们和他一同告别过去,进入现在。本书最后一章将呈现他的愿景。

1683年的卢奇曼斯和2008年的博睿之间有着巨大的不同，但又有着许多相似之处。公司最初是以学术出版社的身份诞生的，经历过这么多年的蜕变，一直保留着这一特征。从乔达安·卢奇曼斯每年出版6种图书到博睿每年出版600种图书，其间有一条持续性的路线，以及一些突出的一直在坚持出版的作品，如阿拉姆语作品。然而，这种持续性并不意味着一种理所当然，就像本书开头所提到的那样。一家公司并没有一种内置的机制使其能够在时间和市场趋势的变化中幸存下来。在325年的历史长河中，卢奇曼斯或博睿在某个时候陷入困境更符合常理，相反的情况可以说是一种奇迹。若以一种不那么形而上学的方式来表达，在公司漫长的发展历史中，机遇和环境扮演了重要的角色。

　　虽然机遇的作用无法回避，但在某种程度上，它们会被其他因素抵消。一本书的质量不取决于运气，而取决于目标坚定的行为。一个以低劣产品污染世界的公司不可能长久存在下去。质量和建立在质量之上的声誉对一家公司的持续存在有保护作用。很长一段时间内，那些塑造公司的人们也抵制命运的随机性，努力预测未来并将机会转化为自己的优势。

　　不可避免的是，这本简史的重点放在了一些知名人物身上，忽略了许多无名之辈，而正是后者让博睿变得更伟大。在一代接着一代的代际接力中，他们是公司持续发展的主要驱动力。一代又一代传下来的不仅是手工技艺，还有公司内部的团结和协作。很难给这些有影响的传统精神安一个名称，如职业自豪感、忠诚、一家独一无二的公司所拥有的协作精神等，就把它称为博睿精神吧，这是被员工和股东所珍视的一种精神。同时，由于出版社所具有的国际特征，这种精神还超越了当地的界限。任何和博睿有业务往来的人都知道，他或她已经和一个远比莱顿大得多的世界联系在了一起。

若没有那么多人的奉献，博睿不可能发展成一家享有国际声誉的出版社。1683年以来出版的大约两万种图书不仅源于商业和学术的动机，同样也来自博睿特别的公司文化。

普兰坦街上的新博睿大楼。Brill Coll.

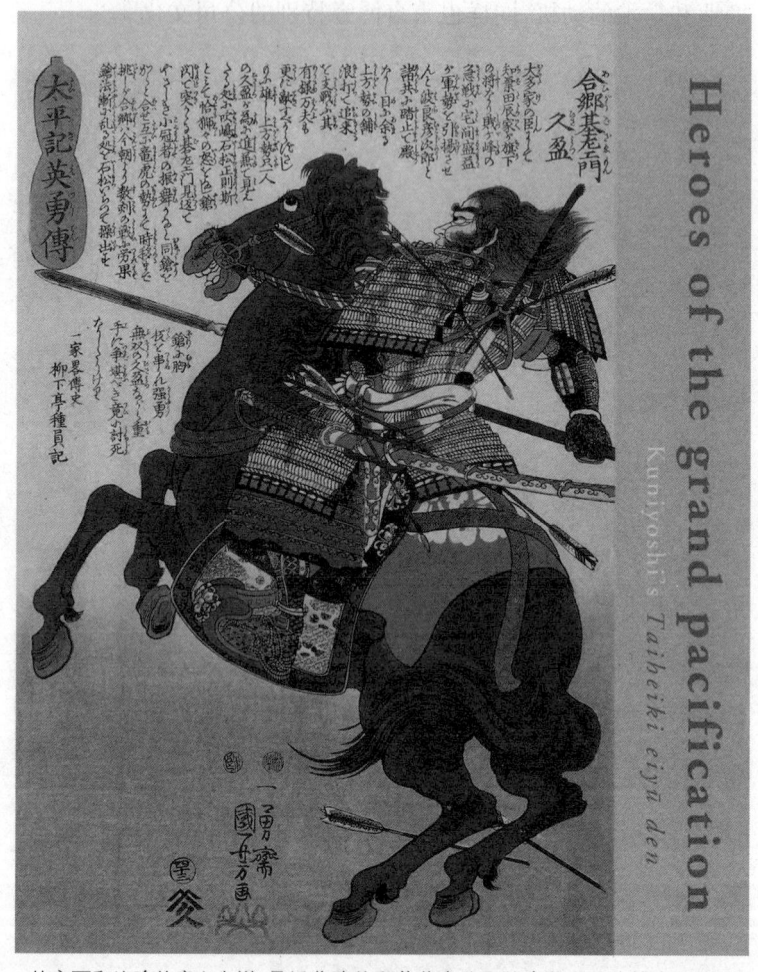

从字面和比喻的意义上说，最近收购的和井艺术公司的出版书目为博睿的亚洲研究系列增添了色彩。这是日本版画领域的知名商标。

博睿：现在和未来

传真机的时代

"2015年，我们将生活在一个不同的世界。美国和日本将会成为我们的邻居。可以说，我们可以通过传真机传输自己。"这是弗兰斯·普鲁伊特经理在1989年发表的评论，这表明这个世界，特别是出版界，变化有多快。然而仅仅过了20年，作为经济大国日本就已经被中国超越，而且普鲁伊特的比喻也已过时：几乎没有人再使用传真机了，因为我们通过互联网和电子邮件来传输自我。在社会、经济和技术的深刻变化中，博睿探索规划现实和可行的行动路线。

在这一进程中，公司自身的历史是今天博睿公司灵感的来源。1989—1990年，重组公司、关闭不赢利业务部门使出版社重塑了自我。此后，博睿把自己限定于核心出版业务内，以此来强调其自身的传统。过去的20年里，公司遵循常规发展，已经取得了重大的进展。每年大约出版600种图书，100多种期刊，营业额在1990年左右达到了不可思议的2600万英镑。

公司对这些成就感到自豪，这无可非议。尽管如此，但与世界大型出版企业相比，博睿还是一个小角色。然而，可以不夸张地说，博睿已经跻身世界学术出版的前列。鉴于国际大出版商寻求以更广泛的出版范围内来区分自己，如科学、教育和专业培训等，博睿主要服务于人文和法律学术研究这一小众市场。考虑到博睿的定位，公司更接近于像牛津大学出版社这类学术出版社，而非里德-爱思唯尔这样的出版公司。

灵活性及与时代同步

全球化、数字化以及新生代读者群的种种要求都在发展和变化，这需要出版社认真对待。面对这些变化，没有国际化运营经历的公司很可能会退缩，如果它不想冒生存风险的话。然而，利用这些变化要求的不只是生存技能，更多的是从国际竞争舞台上学会的那些策略。它也需要一种能把现实的机遇和过去的声誉、地位结合起来的艺术。

博睿 300 多年的历史证明了它总能成功地让自己适应变化并做出选择，在 2008 年，它仍然有这样重要的能力。这并不意味着每一次新的发展都值得一试：一些发展和博睿的特征并不兼容。要在能匹配博睿形象的和不能匹配的尝试之间进行选择，需要公司采取积极的方法，并对自身的特征进行严格的监控。被动地吸收外在的现实只是一种模仿，它的作用是短暂的，直到因外部世界的下一次变化被迫选用另外一种色彩。一家只是随波逐流的公司会变成市场潮流的玩物。用博睿的标志来说（智慧之神帕拉斯·雅典娜和商业之神赫耳墨斯），纯粹的机会主义将会导致其更重视商业出版，而忽视学术出版。

数以千计的图书

同样的道理也可应用于公司在现在和不远的将来将要面对的技术挑战。并非每一项新技术本身都决定着公司的未来，或会保证公司的持续繁荣。采取何种方式成功整合和应用先进技术也同样重要。这也不仅仅是公司适应外部环境的能力，还有把数字时代的潜在价值应用于公司传统的能力。只为了数字化目的而实施的数字化并不能保证公司可以在 21 世纪生存下去。问题的关键是，博睿是否能通过识别和采用最适合公司历史特征的新技术而使公司得以持续发展。

显然，博睿完全有能力适应新时代。从 20 世纪 90 年代中

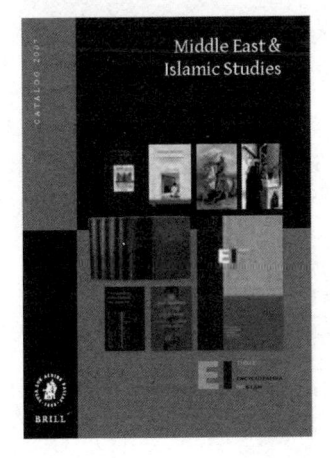

收录许多学科图书的目录一年出版一次或两次。除诸多传统领域,如亚洲研究、《圣经》和宗教研究、中近东和伊斯兰研究等,还新发展了非洲研究等领域。所有的促销资料都展现了出版社的统一风格,一眼就能辨认出来。目录可从 www.brill.nl 网站上下载。

博睿出版史

期以来取得的成就看，博睿的传统与电脑和互联网高度兼容。由于采用了适当的数字技术，过去10年出版社一直在强劲增长。即使从字面意义上说，公司正在把过去的出版物实现数字化：过去出版的老版本图书正在"返老还童"，人们可以在互联网上检索这些老版本图书的内容。

1683年以来以卢奇曼斯为标志和1848年以来以博睿为标志出版的所有图书都在实施数字化，在此过程中，技术和历史紧密地结合在了一起。考虑到这项任务极为庞大，这项工作仍在进行中，其间互联网用户被要求加入对博睿未知出版物的搜寻工作。卢奇曼斯出版的图书已经被全部录入"荷兰短篇幅图书目录"（Short Title Catalogue of the Netherlands, STCN）的框架中。1683—1800年卢奇曼斯出版的所有图书目录都能在博睿的网站上查阅。包括1800—1848年期间出版的图书在内，卢奇曼斯总计出版了大约2500种图书。连同博睿的出版目录，全部的统计结果极为庞大，令人难以置信：出版图书累计已超过2万种，这是任何一个个人都难以浏览的数量。这项工作何时结束还不得而知，但我们可以有根据地得出以下结论：在其漫长的历史中，博睿出版社为世界的知识积累做出了重要贡献。

帕拉斯和赫耳墨斯

除技术外，其他因素也在图书市场中扮演着重要角色，如出版社的声誉和出版物的质量等。在图书市场某一特定领域占有极大份额也会影响这家公司的稳定。在这两个方面，博睿可以说都很幸运。而且，人是出版社最关键的因素。若没有那些受过良好教育、有强烈事业心的员工，公司也不可能生存下去，这些员工和国际学术界保持着联系，并关注着学术研究的最新进展。这意味着坚持并改进质量标准是公司健康发展的基本战略原则。

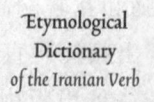

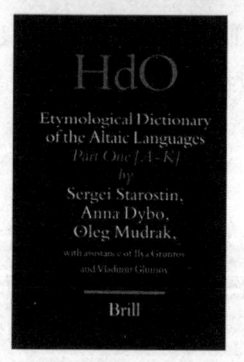

过去，博睿并没有语言和语言学出版项目。这一领域的出版物都被归入东方学、宗教或历史研究。对所有出版目录包含的语言出版物进行盘点后，博睿发现其完全有基础开发针对小语种、濒危语言和古代语言的单独系列。由于过去的努力，语言和语言学项目一经开始就取得了飞跃式的发展。在现有出版目录的基础上，也开始编辑斯拉夫和欧亚研究、哲学和艺术、建筑和考古等目录。这些目录突出了出版社在这些领域的潜在实力，并促进了其他旧书的销售。IDC 公司的并入加速了斯拉夫研究和艺术史项目。接手日本和井艺术公司也催生了在亚洲研究领域下再开发一个艺术史出版系列的计划。

博睿: 现在和未来

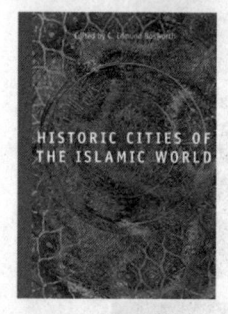

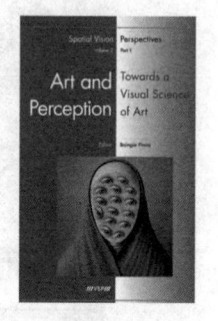

搜索博睿的出版书目会发现一大批与艺术史和考古相关的图书。接手和井公司,以及与中国科学出版社的合作,已经加速了亚洲研究领域下视觉艺术项目的发展。IDC 为斯拉夫研究领域下的艺术史部分的发展打下了基础,艺术史部分令人印象深刻。而且,IDC 公司的并入也使博睿有机会为在线资源"西方艺术史"制作原始资料文献收藏目录,如《1600—1900:艺术品销售目录》(*Art Sales Catalogues, 1600 - 1900*)和弗里茨·卢格特(Frits Lugt)的《公开销售目录》(*Répertoire des catalogues de ventes publiques*)。和海牙的荷兰艺术史研究院的联系,最终促成了博睿 2008 年出版的《古老荷兰》(*Oud Holland*)期刊的出版。《古老荷兰》是一本国际知名期刊,主要研究荷兰艺术和世界上现存的最古老的艺术史期刊。

由于 2003 年接手马蒂努斯·尼霍夫出版社,博睿在国际法出版领域获得了领先地位。一年后,海牙国际法学院再次将《课程全集》(Recueil des Cours)交给尼霍夫出版社出版。从 2008 年初开始,这一重要的多卷本全集也出版了网络在线版。博睿所有有关国际法和人权的出版物都以知名子品牌"马蒂努斯·尼霍夫出版社"的名义出版。

遵循自己的传统，出版社寻求在商业和学术之间达到一种平衡。智慧之神帕拉斯·雅典娜和商业之神赫耳墨斯一同出现在博睿的标志上。它们共同的贡献是公司繁荣的最好保证。相互合作的两个神祇并不只是包含一种合作的观念，而且也包含着一种强调社会责任和经济持续增长的世界观。经营中的社会意识观不仅表明对公众的尊重态度，而且也会在公司内部形成一种健康的工作氛围。

博睿的产品几乎在所有方面都是多元化的。出版社书目上的图书在学科和产品形式上的分布都很均衡，通过各种发行渠道进行销售，最近和较早出版图书的营业额比例也很均衡。博睿确保其不会介入太多不同或不相关的学科。公司通过产品开发和适合出版社历史悠久的出版方向的收购寻求发展，这意味着特别强调人文学科。最近通过接手尼霍夫子品牌，博睿在国际法出版领域也赢得了领先地位。出版的战略是跟进一个特定领域学术研究的进展。主要目标群体常常由特定学术探讨的参与者们组成，博睿的作者和客户都属于这个由专业人士组成的圈子。

作者和他们提供的文本对出版社来说至关重要。许多学者在书稿出版前先要对这些稿件进行评估。这种同行评审程序保证了博睿产品的学术质量，以及出版社的独立性。

充满活力的遗产

传统上，博睿因其专长于"特殊语言"图书的出版从而有别于其他的出版社。卢奇曼斯的出版书目就已经包含了用叙利亚、阿拉伯和希伯来等文字出版的图书。1825年左右，由于莱顿大学华纳遗产馆的手稿得以系统出版，阿拉伯研究得以大幅拓展。直到1848年，这个系列还在卢奇曼斯的名下出版，但它其实已经也包括约翰尼斯和埃弗特·扬·博睿的贡献。在后者掌管公司后，博睿继续保持着出版阿拉伯文图书的传统。

赋予博睿其现在名字的人特别喜好奇怪的文字，他冒险以梵文、日文和古埃及僧侣体等文字来出版图书。19世纪最后25年,这一喜好成为出版社最显著的特征,特别是在东方学领域。博睿用30多种文字出版图书,而公司也赢得了国际声誉。这里引用出版社1960年参加法兰克福国际图书博览会的一句颇为自豪的口号:"我们用世界上所有的语言印刷和出版。"

过去几十年,博睿在独特、濒临灭绝或死亡语言领域出版的图书相对较少。最近,出版社决定通过创建语言和语言学系列图书目录来重振这一古老的专长。计划中的出版物需要那些博睿知名的专业技能,即必须再次培养外国文字的排版技能。

过去在铅字时代,当出版社要以不知名的吕底亚文和斯特朗哥罗文出版一本图书时,要制作特殊的字模。以这些文字出版的图书要由最富有外国特殊文字排字经验的排字工手工排版,在很小的时候,他们就熟悉了外国文字的排版,后又将自己的手艺传给了下一代的排字工。他们是构成博睿排版骨干队伍的排版大师。正是依靠这些匠人,出版社才能自豪地宣称能以"世界上每一种文字"出版图书。1987年,最后一位排版大师退休,这门手工工艺也随之终结。直到那时,中文和日文图书仍然采用手工排版。

对语言和语言学这个新的系列来说,需要的外国文字现在都由电脑根据统一码(Unicode)标准来设计。传统手工工艺是以前出版社得以知名的一个关键因素,现在又以数字形式回归。运用电脑来设计外国文字,就是博睿把现代技术与其传统结合起来的一个鲜明例证。因为这种新的出版实践需要大约6000个异体字符,公司正在设计自己的字体。在印刷物和显示器上,这种所谓的"博睿体"能将数字代码转换为清晰的字母和符号。一般的字体不能满足博睿对特殊符号的需求。

数字时代

毫无疑问,数字化是过去20年博睿取得的最重要成就。出版社正在充分利用近年来发展起来的先进技术,从在线出版和

> Polemic and Historiography of a Religious Minority Between 1510 and 1712
>
> # Religious Minorities: The Waldenses
>
> Sources from 28 libraries in 7 countries completely covering the subject
>
> Advisor: Dr. Albert de Lange (Karlsruhe)
>
> **IDC** PUBLISHERS

50 年来，IDC 一直致力于易损和稀有史料的摄影。这种拍摄不是随意的，而要有一个详细的计划，即按研究的主题，将不同地区的各种史料收集在一起。IDC 的主题几乎完全适合博睿领先的领域。双方的首次合作是 1990 共同出版的"死海古卷"。瓦勒度选集（Waldenses collection）反映了 IDC 正在与国内外一流图书馆合作。

只有在可预见的未来有所回报或提供特别的战略效益时,才会进行收购。大多数被收购的机构都以博睿子品牌的名义继续运行。收购吉本出版社后,多卷本系列图书《希腊碑刻铭文补编》(Supplementum Epigraphicum Graecu)的加入加强了博睿古典研究系列。收购范高克姆出版社（Van Gorcum Publishers)后,博睿获得了宗教研究、犹太研究、历史和哲学方面的新出版物。《霍布斯研究》期刊(Hobbes Studies)的加入是对博睿出版的期刊品类的良性补充。跨国出版社(Transnational Publishers)的第22版已出版的《海洋年鉴》等研究生教材和经典图书提升了尼霍夫的出版实力。

在线期刊资料到语汇索引、百科全书等。向传统纸质出版物中加入新的电子成分、创建混合出版物的工作和电子出版物的发展齐头并进。如,就博睿书目的新板块语言和语言学系列而言,可以出版一些受到威胁可能会消失的语言的声音资料和音乐资料,这既是一种保护手段,也是一种研究工具。手写或印刷史料的传统垄断正在消失,而对研究所需的视听资料的需求则在稳步增长。

而且，互联网技术，尤其是对电子公告和针对目标读者的电子邮件的应用，极大地改进了博睿公司的营销效率。公司也与谷歌公司密切合作。截至2005年，博睿的大多数图书正在实现数字化，并被纳入谷歌图书搜索项目中。存书目录（backlist）中的图书也可以以这种方式访问，这意味着可以再次看到这些旧书，它们有了第二次生命。顾客可以通过出版社、书店或者亚马逊网络书店订购未绝版图书。互联网技术支持出版社履行其对作者的重要职责之一，即尽可能广泛地宣传和发行每一种出版物。

如果市场对一种绝版图书有足够多的需求，出版商或许会决定重印该书。而且，几乎所有较新图书都可以通过"按需印刷"技术加印。这样，在不久的将来，不必拥有大量的库存，也能供应种类繁多的图书。

博睿探寻在世界范围内发行其包括图书和电子出版物在内的产品。为了永久保存这些出版物，印刷的图书被保存在几个档案馆中。电子出版物则被保存在海牙皇家图书馆的数字仓库（e-Depot）内。随着新的格式副本技术模式成为标准，该国家图书馆拥有必要的专业知识，能确保长期访问数字出版物。

博睿通常自行投资开发其出版物，并自己承担风险。而且，若是大型的参考书，作者和编辑往往是由出版社邀请并通过合同雇佣的。出于这个原因，关于"开放获取"（open access）政策，即作者或作者所在的学术机构向出版商支付使用费用的讨论暂不是公司重点考虑的事务。在博睿，必须赢得的主要是顾客和读者的青睐。然而，如果能保证学术独立性，且出版社显然能够提供附加值，博睿也能够接受采用其他付费模式，如向读者免费提供学术出版物的模式。

博睿和世界

从卢奇曼斯时代以来，出版社就一直具有国际性的特征。17—18世纪，莱顿是欧洲的"书城"，是作者、学者和出版商聚会的地方。如前所述，卢奇曼斯经常在国外旅行，与国外保持着广泛联系。19世纪的各位经理也是如此，他们去欧洲各地参加国际会议，会议上他们扮演着知识中间商的角色。他们把出版社发展成一个国际学术网络的枢纽，特别是在阿拉伯研究和东方学研究领域。

今天，博睿继续着这一传统，与全世界各地重要的学术研究中心保持着联系。传统上，博睿一直与莱顿大学保持着密切的关系，尽管它不再是大学的学术印刷商，公司此前在一个半世纪里一直承担这一职责。尤其在伊斯兰研究、阿拉伯研究、汉学和考古学等领域，莱顿的学者在博睿的作者队伍中占有很大的比例。

不久，亚洲将会成为博睿的一个正在崛起的市场，或许将会和美国市场一样重要。随着越来越多的资金被投向中国的学术研究和教育事业，对专业文献的需求将会大幅增加。近年来，博睿已经和包括北京大学出版社在内的多家中国出版社达成合作协议。北京大学出版社专精人文科学，而博睿一直在这一领域有着优异的表现。目前，双方的合作还仅限于员工、专业技能的交流及一些联合出版项目的启动。

和社会科学文献出版社的一项战略合作协议也已达成。这些及其他合作关系正在促进把中国出版物译为英文，及外文出版物译为中文的工作。博睿有雄心要在中国及与中国相关的研究领域成为最重要的出版社之一。从长远来看，将认真考虑在中国设立分支机构的可行性。与此同时，博睿已经采用中文身份及中文名称，并开设了自己的中文网站。

由于收购了在俄罗斯历史研究领域提供了许多产品的IDC公司，博睿进入了俄罗斯市场。博睿出版书目中的一些小类别完全适合被纳入一个俄罗斯研究系列。为了在这一领域的发展，出版社编写了一个出版物概览，这将是开展斯拉夫和欧亚多媒体研究项目的基础。

博睿美国分支机构

北美仍然是博睿的一个重要市场。美国市场曾占约 25％

的份额，现在已经超过40%。1986年，博睿在美国成立了最早的办事处，位于曼哈顿的W.S.海涅曼（W.S. Heinemann）书店。当时，书店是博睿发行策略的一部分。1989—1990年弗兰斯·普鲁伊特发起重组，在此期间，曼哈顿办事处和书店被关闭，公司把美国的业务转移至纽约上州奥尔巴尼附近的小镇金德胡克（Kinderhook）。所有其他职能，包括编辑、制作、财务和发行等都继续由莱顿来负责。

1998年，在总经理赖诺特·卡斯特莱因的领导下，博睿有限公司在波士顿建立了一个永久性的运营基地。考虑到美国市场的战略意义、美国的发展潜力，还有这一地区拥有众多重要大学等因素，自然选中了波士顿。起初，在位于波士顿沃尔特街（Water Street）112号的波士顿办事处内设立了两家公司：既是出版社又是子品牌的博睿学术出版（Brill Academic Publishers），和代表母公司博睿有限公司负责美国市场的销售、市场营销和发行的博睿美国公司（Brill USA）。2000年代初，博睿学术出版（波士顿）为美国市场出版了一些博睿有限公司的平装重印书，并在1999年接手人文出版社的部分图书后继续出版该社的期刊和系列图书。波士顿的这家公司也出版一些宗教研究领域的新书。

为了进一步利用美国市场的销售潜力，博睿决定向美国市场提供本地客户服务以及图书配送和分销服务。2000年6月，博睿委托国际图书公司（Books International, Inc.），一家在杜勒斯（Dulles）拥有仓储设施的弗吉尼亚州公司，为美洲客户提供全方位的图书配送服务。这一战略被证明相当成功。美国和加拿大的客户现在能更及时地收到订购的商品并享受更快捷的客户服务。因此，美洲市场的图书销量也在持续提升。

2003年3月，在收购马蒂努斯·尼霍夫出版社后，为了容纳更多的员工，公司迁入位于沃尔特街办公楼六层的更大的办公室。2004年，赫尔曼·帕布鲁威被任命为博睿有限公司的总经理，此后对波士顿更为重视，博睿开始了在美国的发展和扩张阶段。随着博睿在线参考书产品的上线和 IDC 缩微胶片、电子格式史料被博睿收购，北美的销售和营销组织得到大幅扩充，以覆盖关键贸易渠道的客户，并更多地直接接触图书馆及图书馆联盟。博睿学术出版（波士顿）的出版项目已经被整合进博睿有限公司，该子品牌也不再使用。同时，新的出版活动在波士顿启动，包括犹太研究和现代中国研究等项目。国际法项目来自 2006 年收购的纽约跨国出版社。拉丁美洲研究方面的系列出版项目也在考虑之中。这些研究项目反映了博睿在北美具有活跃的研究基础。

波士顿市中心沃尔特大街 153 号博睿波士顿公司外景，2007 年初公司即设于此。从公司大楼可以看到波士顿的海关大楼（Custom House）。

2006 年，迁移到波士顿后最早成立的两家公司——博睿美国公司和博睿学术出版，正式合并为一家股份公司：博睿美国公司（Brill USA Inc.）。这家正在发展的公司包括出版、制作、市场营销等部门，人员达到了 15 人，他们需要更大的办公空间。2007 年 2 月，博睿美国公司迁至米尔克街（Milk Street）153 号一处更大的建筑物，这里离原址并不远。博睿美国公司已发展成为博睿综合性全球组织的一个成熟部门，提供编辑、运营和商业服务。

博睿和卢奇曼斯的档案资料

2006年，博睿把公司档案资料暂借给了位于阿姆斯特丹大学图书馆特藏部的图书贸易图书馆（Library of the Book Trade）。受博睿的委托，这些长达45延米[①]的档案资料被编制目录、分类排列，并对研究者开放。本书首次使用这些档案资料，它们不仅涉及博睿的历史，而且也为整个书业提供了史料。

长11延米的卢奇曼斯家族档案涉及1683—1848年的历史，如本书第一章所述，先前就存放在阿姆斯特丹大学图书馆特藏部。结合覆盖1848年至1991年的博睿档案，就能勾画出一部几近完整的公司发展史。这两部分档案涵盖了三个多世纪的连续时期，为荷兰书史提供了独特的研究史料，也是一座真正的文化和历史丰碑。补充的档案在莱顿保存。2007年，"东方古物馆"（Het Oosters Antiquarium，原博睿古旧书店）的所有者里奇·斯密茨坎普把他的档案捐献给了莱顿大学图书馆。这些档案包括1970年至2004年之间的信件，1930年左右至2005年期间带有注解的销售目录、特别的文件、照片，以及记录已售图书书名在内的近100抽屉的索引卡片。

2006年以来，博睿一直在资助莱顿大学图书馆斯卡利格研究所（Scaliger Institute）的一至两位"博睿研究"学者。斯卡利格研究所成立于2000年，旨在支持和促进莱顿大学图书馆特藏部的建设。研究所发起研究项目，组织讲学或演讲，出版研究成果，并向研究人员和客座研究员提供研究资助。博睿研究员会在短时间内查看特藏部与博睿出版领域相关的史料。博睿用这些资助加强了出版社和莱顿大学之间的这种传统联盟关系。

[①] Linear meter，原用于运输业，表示货物的占地面积，后也被用于计量图书馆的藏书量。——译者注

4年来，公司一直在生产带有彩色封面的小型笔记本，封面复制了博睿年报和公司手册上的插图。作为促销品，笔记本在图书博览会和学术会议上分发，一年发出去上万本，颇受作者和图书管理员的欢迎。前三种笔记本使用统一码打印字符、密码和标点符号。它们提醒我们博睿在外语方面的专业性——正是这种专业性为博睿赢得了声誉，强调了这一传统在数字时代得以延续的事实。

博睿：现在和未来

博睿的世界

博睿继续在一系列动态的关系——包括与作者、读者、客户、供应商、股东、员工及其周围环境的关系——中发展自己。自然,对一家上市公司来说,经济增长和回报在其中扮演着重要的角色。然而,博睿商业目标的选择使可持续的长期战略成为可能。为了实现这一目标,必须注意保持字面和比喻意义上的健康平衡,并必须考虑到有关各方的不同利益。作为一家注重企业社会责任的公司,博睿不断深化着对其所扮演角色的理解,这使其得以关注股东的利益,并为在帕拉斯(智慧和知识)和赫耳墨斯(商业)之间寻求平衡提供了持久的基础。

附　录

1683—2008 年卢奇曼斯公司和博睿公司历任经理

1683—1708　乔达安·卢奇曼斯(Jordaan Luchtmans)

1708—1755　塞缪尔·卢奇曼斯一世(Samuel Ⅰ Luchtmans)

1755—1780　塞缪尔·卢奇曼斯二世(Samuel Ⅱ Luchtmans)

1755—1809　约翰尼斯·卢奇曼斯(Johannes Luchtmans)

1809—1812　塞缪尔·卢奇曼斯三世(Samuel Ⅲ Luchtmans)

(1812—1821　约翰尼斯·博睿[Johannes Brill],临时代理)

1821—1848　约翰内斯·提比略·博德尔·尼延胡斯(Johannes Tiberius Bodel Nijenhuis)

1848—1871　埃弗特·扬·博睿(Evert Jan Brill)

1872—1903　阿德里安·皮特·玛丽·范奥尔特(Adriaan Pieter Marie van Oordt)

1872—1906　弗兰斯·德斯托普拉尔(Frans de Stoppelaar)

1906—1934　科内利斯·佩尔滕堡(Cornelis Peltenburg)

1934—1947　特尼斯·福克斯(Theunis Folkers)

1946—1958　尼古拉斯·威廉姆斯·波瑟穆斯(Nicolaas Wilhelmus Posthumus)

1958—1979　小弗雷德里克·卡斯帕鲁斯·威德(Frederick Casparus Wieder jr.)

1979—1980　汤姆·A.埃德里奇(Tom A. Edridge)

(1980—1981　小弗雷德里克·卡斯帕鲁斯·威德[Frederick Casparus Wieder jr.],临时代理)

1981—1989　威廉·巴克休斯(Willem Backhuys)

1989—1993　弗兰斯 H.普鲁伊特(Frans H.Pruijt)

(1993—1994　约斯特·基斯特[Joost Kist],临时代理)

1994—2004　赖诺特·J.卡斯特莱因(Reinout J. Kasteleijn)

2004—　　　赫尔曼·A.帕布鲁威(Herman A. Pabbruwe)

1896年公共有限责任公司成立以来历任监事

1896—1909　M.J.德戈耶(M.J.de Goeje)教授、博士

1896—1904　W.H. 范奥尔特(W.H.van Oordt)

1896—1903　W.普莱特(W.Pleyte)博士

1896—1911　J.德斯托佩拉尔(J.de Stoppelaar)

1896—1908　A.C.弗里德(A.C.Vreede)教授、博士

1905—1934　D.范奥尔特(D.van Oordt)

1909—1913　Th.B.普莱特 (Th.B.Pleyte),法学硕士

1911—1927　小 W.P.范斯托克姆(W. P. van Stockum jr.)

1914—1948　D.W.K.德鲁德拉法耶(D.W.K.de Roo de la Faille)先生

1928—1943　老 F.C.威德(F.C.Wieder sr.)博士

1934—1954　W.H.范奥尔特(W.H.van Oordt)

1943—1949　N.W.波瑟穆斯(N.W.Posthumus)教授、法学硕士、博士

1949—1969　L.W.G.德鲁德拉法耶(L.W.G.de Roo de la Faille),法学硕士

1957—1967　J.J.范登布鲁克(J.J.van den Broek)

1961—1989　J.L.赫尔德林(J.L.Heldring),法学硕士

1964—1988　E.H.范德博格尔(E.H.van der Beugel)教授、博士

1969—1987　A.克拉尔(A.Kraal)教授、博士

1969—1995　J·布鲁格曼(J.Brugman)教授、博士

1979—1987　小 F.C.威德(F.C.Wieder jr.)

1984—1989　J.H.肖尔特(J.H.Scholte)博士

1988—1999　R.P.M.德博克(R.P.M.de Bok),法学硕士

1989—1993　N.J.韦斯特戴克(N.J.Westdijk),法学硕士

1990—2001　J.基斯特(J.Kist),法学硕士

1993—2007　P.J.艾登堡(P.J.Idenburg)教授、博士

1998—2008　H.A.范卡纳比克(H.A.van Karnebeek),法学硕士

2000—　H.P.斯普鲁伊特(H.P.Spruijt)博士

2007—　R.E.罗加尔(R.E.Rogaar),法学硕士

2008—　A.R.巴伦·范希姆斯特拉(A.R.Baron van Heemstra),法学硕士

注 释

I In Olden Times. The House of Luchtmans and the House of Brill, 1683 - 1848

1 ULA/Spec. Coll., Luchtmans Archive BVA 71 - 44 a/b. As described in the last section of this chapter, the Luchtmans Archive is housed in the University of Amsterdam Library, Department of Special Collections (henceforth abbreviated as "ULA/SC").
2 De Clercq, *At the Sign of the Oriental Lamp: The Musschenbroek Workshop in Leiden*.
3 ULA/SC, Luchtmans Archive F.21, "Balance" of Samuel Luchtmans I, dated August 1, 1714.
4 Hoftijzer, "Veilig achter Minerva's schild," in Bouwman et al., *Stad van Boeken*, pp. 200 - 201; Van Vliet, *Elie Luzac*, pp. 52 - 53.
5 Blaak, *Geletterde levens*, p. 270; Goinga, *Alom te bekomen*, p. 64; *Bibliopolis*, pp. 71 - 72.
6 Ophuijsen, *Three Centuries of Scholarly Publishing*, pp. 12 - 14.
7 Samuel Luchtmans I estimated his share in this partnership in 1714 at nearly ƒ 7,000 (see n. 3). The participation

of Joh. Enschedé is mentioned by Muller, "Bodel Nijenhuis. Brill," pp. Ⅱ, Ⅲ.
8 Hoftijzer, *Pieter van der Aa*, pp. 21-25.
9 Van Eeghen, "Archief Luchtmans," p. 132.
10 ULA/SC, Luchtmans Archive F.21 and 26, balance sheets of Samuel Luchtmans I of August 1714 and October 1747.
11 Van Vliet, *Elie Luzac*, p. 51.
12 ULA/SC, Luchtmans Archive F.21, *Cataloguslibrorum quos Samuel Luchtmans vel ipse typis mandavit, vel quorum major ipsi copia suppetit*. Lugduni Batavorum, 1714.
13 J. Israel, *Radical Enlightenment* (Oxford, 2002), pp. 278-279; W. P. C. Knuttel, *Verboden boeken in de Republiek der Vereenigde Nederlanden* (The Hague, 1914), pp. 110-111, 115-116. In the Spinozist roman à clef *Vervolg van't Leven van Philopater* (1697) by J. Duijkerius, reference is made on pp. 194-197 to the *Rechtsinnige Theologant*; cf. G. Maréchal (ed.), *Het leven van Philopater en Vervolg van't Leven van Philopater* (Amsterdam, 1991; also at www.dbnl).
14 Hoftijzer, *Van der Aa*, pp. 26-32.
15 Folkers, "Oostersche boekdrukkerij te Leiden," pp. 63-64.
16 Ophuijsen, *Three Centuries of Scholarly Publishing*, p. 19.
17 G. Schwetschke, *Codex nundinarius Germaniae literatae bisecularis. Meβ-Jahrbücher des Deutschen Buchhandels* (Halle, 1850). Jordaan Luchtmans is recorded under the years 1686, 1691, and 1699; Samuel I is nowhere men-

tioned. Perhaps he is to be identified with the anonymous bookseller from Leiden who is mentioned under 1722.
18 ULA/SC, Luchtmans Archive H.1 - 5; Kruseman, *Aanteekeningen betreffende den Boekhandel*, pp. 606 - 622.
19 Cf. Hoftijzer and Van Waterschoot (eds.), *Johannes Luchtmans. Reis naar Engeland in 1772*; Van Waterschoot, "Samuel Luchtmans, een reislustig boekhandelaar."
20 Van Vliet, *Elie Luzac*, pp. 177 - 197.
21 ULA/SC, Luchtmans Archive H.1.
22 Ibid., F.1, F.29 - 32.
23 J. T. Bodel Nijenhuis, *Dissertatio historicojuridica, de juribus typographorum et bibliopolarum in regno Belgico*. Lugduni Batavorum, apud S. et J. Luchtmans, Academiae typographos. MDCCCXIX. The work also appeared in a Dutch translation.
24 ULA/SC, Luchtmans Archive, uncatalogued.
25 Muller, "Bodel Nijenhuis. Brill," p. III.
26 See also Van Eeghen, "Het archief van de Leidse boekverkopers Luchtmans."
27 Cf. Blaak, *Geletterde Levens*, pp. 270 - 274; Smilde, "Lezers bij Luchtmans."
28 ULA/SC, Luchtmans Archive F.21, "Balance" of Samuel Luchtmans, dated August 1, 1714.
29 Du Rieu, "Levensschets Bodel Nijenhuis,"p. 260.
30 Regional Archive Leiden, section Notarial Deeds (notary H. Obreen), testament of J. T. Bodel Nijenhuis, June 22, 1866; M. Storms, "Dit waarlijk vorstelijk legaat,"in idem et al., *De verzamelingen van Bodel Nijenhuis*, pp. 9 - 24.

31 Muller, "Bodel Nijenhuis. Brill," p. I.

32 ULA/SC, KVB Archive 1886/14, J. L. Bienfait to the Board of the Association, December 11, 1885 (courtesy of Martine van den Burg); Hoftijzer and Lankhorst, *Drukkers, boekverkopers en lezers tijdens de Republiek*, pp. 12 - 28: "De periode van de bouwstoffen."

33 ULA/SC, KVB Archive 1886/14, A. C. Kruseman, L. D. Petit and R. W. P. de Vries as members of the historical commission to the Board of the Association, March 3, 1886; ibid., Verslagen van het Bestuur (1852 - 1915), "Verslag der werkzaamheden... over het Vereenigingsjaar 1885 - 1886,"pp. 9 - 10, 14.

II The Firm of E. J. Brill, 1848 - 1896

1 For this chapter and the following ones, extensive use has been made of the Brill Archive. Like the Luchtmans Archive it is preserved in the Library of the Book Trade, housed in the Department of Special Collections of the Library of the University of Amsterdam. The definitive inventory has not yet been established, and so references are given with some reservation.

2 ULA/SC, Brill Archive fv. 139, I -Ⅳ, *Catalogus van eene uitgebreide en zeer belangrijke verzameling Hebreeuwsche, Grieksche, Latijnsche, Nederlandsche en Fransche ongebonden boeken, zijnde de kopijen en een zeer belangrijk assortiment toebehoorende aan de firma S. en J. Luchtmans*, August 20, 1849, and following days; in the fourth copy of the catalog a settlement and a letter

from Brill to Bodel Nijenhuis, dated August 5, 1850; *Nieuwsblad voor den Boekhandel*, No. 33 (August 17, 1849) and No. 40 (October 4, 1849); Kruseman, *Bouwstoffen*, vol. 1, pp. 635 - 637.

3 Details on Brill's publications in various scholarly areas in Lebram et al., *Tuta sub aegide Pallas*; *E. J. Brill and the World of Learning*.

4 ULA/SC, Brill Archive fv.233.I, *Catalogus eener belangrijke verzameling ongebonden boeken, aangekocht en uitgegeven door E. J. Brill te Leiden* (1871).

5 N.N., "Adriaan P.M. van Oordt."

6 ULA/SC, Brill Archive, Company History 01, deed of sale of the firm, dated January 21, 1872.

7 F. de Stoppelaar and G. J. Dozy, *Proza en Poëzie. Leesboek ten gebruike van de laagste klassen der gymnasiën en hoogere burgerscholen.* The book was published by Van Looy in Tiel and reached its eleventh edition in 1906. See also De Goeje, "Frans de Stoppelaar"; Vreede, "Frans de Stoppelaar"; www.destoppelaar.com/genealogy.htm.

8 ULA/SC, Brill Archive, Company History 01, deed of partnership, dated October 17, 1872.

9 *Catalogue des collections étendues historiques et artistiques formées et délaissées par feu Mr. Bodel Nijenhuis* (3 vols., Leiden-Amsterdam, 1873 - 1874); A. van der Lem, "Verzamelaar en schenker van boeken: de bibliotheek van Bodel Nijenhuis," in Storms et al., *De verzamelingen van Bodel Nijenhuis*, pp. 62 - 86.

10 In full: *Annales quos scripsit Abu Djafar Mohammed Ibn Djarir at-Tabari. Cum aliis. Edidit M. J. de Goeje* (Lei-

den, 1879 - 1901).
11 ULA/SC, Brill Archive, Company History 03; contract dated May 21, 1875. The Ministry of Colonial Affairs was the owner of the printing types and had given them on loan to Leiden University.
12 M. J. Brusse, "De uitgeverij," *Nieuwe Rotterdamsche Courant*, January 5, 1927; E. Zürcher, "East Asian Studies," in Lebram et al., *Tuta sub aegide Pallas*, p. 62.
13 Wolters, "De firma Brill in hare nieuwe woning"; Regional Archive Leiden 519/4762, *Verslag van de verbouwing van het Heilige Geest of Arme Wees-en Kinderhuis*, with lithographs by the architect J. Bijtel (Leiden, 1882).
14 *Verslag omtrent het onderzoek, ingesteld door de Derde Afdeeling der Staat-commissie van Arbeids-enquête* (The Hague, 1894), pp. 201 - 202 (courtesy of dr. Berry Dongelmans).
15 ULA/SC, Brill Archive N.26, copy of the notarial deed, dated January 23, 1881.
16 *Catalogue de Manuscrits arabes provenant d'une bibliothèque privée à Medina et appartenantà la maison E. J. Brill*. Edited by C. Landberg (Leiden, 1883); Witkam, "Verzamelingen van Arabische handschriften," p. 26. Afterwards, al-Madani and Landberg sold three more collections of manuscripts to Brill, which found their way to Berlin and Princeton (courtesy of Dr. A. J. M. Vrolijk, head of the Eastern Collections of the University of Leiden Library).
17 C. Snouck Hurgronje, *Het Leidsche Oriëntalistencongres. Indrukken van een Arabisch Congreslid* (Leiden, 1883).

18　Ibid., p. 54.

19　*Verslag omtrent het onderzoek, ingesteld door de Derde Afdeeling der Staat-commissie van Arbeids-enquête, benoemd krachtens de Wet van 19 Januari 1890* (The Hague, 1894), pp. 201 - 204; 223 - 226 (courtesy of dr. Berry Dongelmans).

20　B. Dongelmans, "Industrialisatie, emancipatie en technologische vernieuwing," in: Bouwman et al., *Stad van Boeken*, p. 346.

21　According to the *Verslag over den toestand van handel en nijverheid in de Gemeente Leiden* of the Chamber of Commerce(Leiden, 1891), in 1890 there were 44 persons above the age of sixteen and 5 persons below that age employed at Brill in the print works and the composing room. Together with the staff of the shop, the antiquarian bookshop, and the office, the figure of 60 employees is a reasonable estimate.

III　The N.V. Bookselling and Printing Firm, Formerly E. J. Brill, 1896 - 1945

1　ULA/SC, Brill Archive, Company History 01, deed of foundation of the N.V. (public limited company). After the deed had been executed on March 21, 1896 before the Amsterdam notary C. J. Pouw, the company was registered on the Stock Market on March 24. The royal decree approving the association was dated March 2. The deed of foundation and the royal decree were published in the supplement of the *Nederlandsche Staatscourant* of April 22,

1896.

2 ULA/SC, Brill Archive 1.2 - 1, Minute Books of the Meetings of the Supervisory Board(SB) and of the General Meetings of Shareholders(GMS), 1896 - 1945.

3 Ibid. 1.2 - 1, SB January 28, 1896; June 3, 1897; June 19, 1902; June 19, 1903; June 21, 1904; November 22, 1907; February 2, 1909; March 31, 1911.

4 Ibid. 1.2 - 1, SB December 30, 1896 and June 3, 1897; 1.2 - 2, GMS June 19, 1902; B. Dongelmans, "Aanbieders en aanbod," in: Bouwman et al., *Stad van Boeken*, pp. 362 - 364.

5 Ibid. 1.2 - 1, SB June 3, 1897; June 9, 1898; June 15, 1899; November 22, 1907.

6 Ibid. 1.2 - 1, SB June 19, 1903.

7 B. Dongelmans, "Aanbieders en aanbod," in: Bouwman et al., *Stad van Boeken*, p. 402.

8 Krom, "Levensbericht van C.M. Pleyte Wzn.," p. 9.

9 ULA/SC, Brill Archive 1.2 - 1, SB April 1, 1898; June 15, 1899; March 20, 1900. Later on, his brother Th. B. Pleyte was a supervisory director at Brill for some years, until he was appointed Minister of Colonial Affairs in 1913.

10 Ibid. 1.2 - 1, SB June 9, 1898; GMS June 9, 1898.

11 Ibid. SB June 21, 1900.

12 Wieder, "Peltenburg," p. 174.

13 ULA/SC, Brill Archive 1.2 - 1, SB September 11, 1908; October 19, 1911; December 29, 1911.

14 *Verslag van den toestand van handel en nijverheid in de gemeente Leiden over 1911.* Report by the Chamber of

Commerce and Factories to the city council of Leiden(Leiden, 1912), p. 30. Courtesy of dr. Berry Dongelmans.

15 ULA/SC, Brill Archive 1.2-1, SB September 30, 1913; B. Dongelmans, "Aanbieders en aanbod," in Bouwman et al., *Stad van Boeken*, p. 373.

16 Ibid. 1.2-1, SB December 31, 1912 and April 9, 1914; ibid., Company History 02, "Enige herinneringen aan de heer C. Peltenburg,"undated manuscript by master typesetter P. W. Martijn Sr.

17 Ibid. 1.2-1, SB December 30, 1915.

18 Ibid. 1.2-1, SB and 1.2-2, GMS, both over the years 1914-1918.

19 Ibid. 1.2-1, SB May 25, 1918.

20 Ibid. 1.2-1, SB 1919-1920.

21 *Bondsorgaan van den Nederlandschen Grafischen Bond* (vol. 7, no. 2), April 15,1920.

22 ULA/SC, Brill Archive 1.2-1, SB April 23,1920.

23 Ibid. Company History 02, "Enige herinneringen aan de heer C. Peltenburg,"undated manuscript by master typesetter P. W. Martijn Sr.

24 Ibid. 1.2-1, SB 1923-1932.

25 Brusse, "Onder de Menschen: De uitgeverij"(X-XII), *Nieuwe Rotterdamsche Courant*, January 5, 12 and 19, 1927.

26 ULA/SC, Brill Archive, Company History 02, "Enige herinneringen aan de heer C. Peltenburg," undated manuscript by master typesetter P. W. Martijn Sr.

27 *Nieuwsblad voor den Boekhandel*, December 30, 1933.

28 ULA/SC, Brill Archive 1.2-1, SB April 13,1938; 1.2-

2, GMS June 4, 1938. The promise of a bequest of ƒ 20,000 by Peltenburg's widow instigated the Peltenburg Pension Fund. It was exclusively intended for the office personnel of Brill; the retirement funds of the typographers were administered by the trade unions by then.

29　Ibid. 1.2-1, SB May 12, 1934.

30　Ibid. 1.2-1, SB 1934-39.

31　Ibid. 1.2-2, GMS 1934-1939.

32　Ibid. 1.2-1, SB October 10, 1935.

33　Ibid. 1.2-1, SB May 3, 1940. The new export department was previously discussed on October 20 and November 24, 1939.

34　Ibid. 1.2-2, GMS July 6, 1940.

35　Ibid. 1.2-2, GMS June 26, 1943.

36　Ibid. 1.2-2, GMS July 22, 1944.

37　G. Groeneveld, *Zwaard van de geest. Het bruine boek in Nederland 1921 -1945* (Nijmegen, 2001), p. 222. Reference courtesy of dr. Berry Dongelmans.

38　ULA/SC, Brill Archive 1.2-1, SB April 28,1943.

39　Ibid. 1.2-2, GMS June 26, 1943.

40　Ibid. 1.2-1, SB October 10, 1943; also as typescript "Overzicht voor nà den oorlog"(Outline for after the war) in Company History 10.03.

Ⅳ　The Expanding Universe of Brill, 1945-2008

1　*Nederlandse Staatscourant*, October 3, 1947; *Nieuwsblad van de Boekhandel*, October 9, 1947; ULA/SC, Brill Archive 1.2-3, SB January 6, 1948.

2 J. Meihuizen, *Noodzakelijk kwaad. De bestraffing van economische collaboratie na de Tweede Wereldoorlog* (Amsterdam, 2003), p. 695.

3 Ibid., p. 226 – 227.

4 Ibid., p. 739 – 750. Meihuizen (see note 2) does not mention Folkers in his work. Nor does A. Venema pay any attention to the affair in his work on collaboration among writers and publishers (*Schrijvers, uitgevers en hun collaboratie*; 4 vols., Amsterdam, 1988 – 1992).

5 N. W. Posthumus, *Bronnen tot de geschiedenis van de Leidsche textielnijverheid* (a publication of source material in six volumes, The Hague, 1910 – 1922) and *Geschiedenis van de Leidsche lakenindustrie*, vol. 1 (The Hague, 1908; also his dissertation), and vol. 2 (The Hague, 1939).

6 ULA/SC, Brill Archive 1.2 – 3, SB November 11, 1949.

7 Ibid. 1.2 – 11, GMS 1946, annual report of Posthumus for 1945.

8 Ibid. 1.2 – 3, SB March 1, 1949; August 5, 1949; November 11, 1949; ibid. 10.03, Posthumus to the Beheersinstituut, September 30, 1949.

9 Ibid. 1.2 – 3, SB and 1.2 – 11, GMS, both over the years 1945 – 1949.

10 Ibid. 1.2 – 3, SB April 4, 1948 and August 19, 1948; J. W. Christopher, *Conflict in the Far East: American Diplomacy in China from 1928 – 1933* (Leiden, 1950).

11 Ibid. 1.2 – 3, SB March 1, 1949.

12 Ibid. 1.2 – 3, SB May 16, 1950; Company History 03, Christopher to Brill, June 8 and 9, 1950.

13　Ibid. 1.2 - 3, SB Jan.-Aug. 1950; 1.2 - 11, GMS 1951 (annual report of Posthumus for 1950).

14　Ibid. 1.2 - 3, SB February 12, 1953; January 18, 1954; February 14, 1955; May 9, 1955; March 7, 1960.

15　Arhur Lehning also published with Brill five books (1965 - 1977) on his hero, the anarchist godfather Mikhail Bakunin, and seven volumes in the series *Archives Bakounine* (1961 - 1981).

16　ULA/SC, Brill Archive N.23, undated memo by Posthumus on his American relations on behalf of his successor F. C. Wieder.

17　This section and the following ones are based on the minutes of the supervisory board (SB) and the general meeting of shareholders (GMS) over the years 1950 - 1958 (ULA/SC, Brill Archive 1.2 - 3 and 1.2 - 11 respectively).

18　F. C. Gerretson, *History of the Royal Dutch* (4 vols., 1953 - 1957), previously published as *Geschiedenis van de Koninklijke* (4 vols., 1932 - 1941); R. J. Forbes, *The Technical Development of the Royal Dutch/Shell* (1890 - 1940) (1957). Brill also published Forbes's *Studies in Ancient Technology* (9 vols., 1955 - 1964).

19　His Ph.D. thesis was published by Brill in 1952: B. A. van Proosdij, *Babylonian Magic and Sorcery: Being "The prayers of the lifting of the hand."*

20　The second volume of Posthumus's *Nederlandse Prijsgeschiedenis* was published with some delay in 1964. In 1971 Brill also published his *Uitvoer van Amsterdam, 1543 - 1545*.

21 This section and the following ones are based on the minutes of the supervisory board (1958 – 1975), those of the general meeting of shareholders (1958 – 1979), and the accompanying annual reports by F. C. Wieder (ULA/SC, Brill Archive 1.2 – 3, 1.2 – 11, 1.2 – 19 respectively).
22 In 1988 a supplementary eighth volume by W. Raven and J. J. Witkam was published.
23 ULA/SC, Brill Archive 1.2 – 3, SB May 24, 1965; December 2, 1966; January 13, 1967.
24 Ibid. 1.2 – 3, SB January 15, 1969; October 15, 1969.
25 Ibid. 1.2 – 3, SB July 7, 1970.
26 *Luchtmans & Brill: driehonderd jaar uitgevers en drukkers in Leiden, 1683 – 1983*. Compilers of the catalog and the exhibition were M. Castenmiller, J. M. van Ophuijsen, and R. Smitskamp.
27 "Erepenning voor jubilerende drukkerij Brill," *Leidse Courant*, October 3, 1983.
28 A. Sperber, *The Bible in Aramaic* (4 parts in 5 volumes). The first edition appeared between 1959 – 1973, the second in 1992, and the third in 2004.
29 In 1984 Brill bought the Scandinavian Science Press in the Danish Klampenborg. Its publishing list specialized in biology.
30 H. Kops, "Opwaaiend stof. De tragi-komische bestuurscrisis bij E. J. Brill," *Elsevier*, April 22, 1989.
31 Ibid.
32 P. de Waard, "Platvoerse ruzie onder professoren bij uitgever Brill," *Volkskrant*, May 6, 1989.
33 B. Büch, "Brill, werelduitgever. Driehonderd jaar uit-

geven in oplagen van 500 exemplaren of minder," *Vrij Nederland*, October 22, 1983.

34　J. Nijsen, "E. J. Brill wil zich uit de rode cijfers tillen," *Boekblad* 39, September 29,1989.

35　*The Facsimile Edition of the Nag Hammadi Codices*, ed. F. Shafik (13 vols., 1972 - 1984). Between 1984 and 1996 Brill published a text edition with translation (*Nag Hammadi Codices*, 11 vols.); second edition under the title *The Coptic Gnostic Library* (5 vols., 2000).

36　G. Stroucken, "Beursdebutant Brill koestert professorale werkwijze," *Parool*, July 30,1997.

37　J. Alberts, "Uitgever Dode Zeerollen gaat niet voor snel geld," *NRC/Handelsblad*, July 20, 1997.

V Brill: Present and Future

1　J. Nijsen, "E.J. Brill wil zich uit de rode cijfers tillen," *Boekblad* 39, September 29,1989.

2　See www.brill.nl.

3　*De Telegraaf*, July 15, 2008, interview with CEO Herman Pabbruwe.

4　The contents of both the Luchtmans and the Brill archives can be consulted in the near future at bc.uba.uva.nl/bbc. collectiebeschrijvingen.

参考文献

Blaak, J., *Geletterde levens. Dagelijks leven en schrijven in de vroegmoderne tijd in Nederland 1624 - 1770* (Hilversum, 2004)

Bodel Nijenhuis, J. T., "Luchtmans, Jordaan; Samuel (Ⅰ); Samuel(Ⅱ) en Johannes; Samuel (Ⅲ)," in: A. J. van der Aa, *Biographisch Woordenboek der Nederlanden*, vol. Ⅳ (Haarlem, 1852), pp. 214 - 215

Bodel Nijenhuis, J. T., "Die Buchhändler-Familie Luchtmans in Leyden," in: H. Lempertz, *Bilderhefte zur Geschichte des Bücherhandels*, vol. IV (Cologne, 1856)

Bouwman, A., B. Dongelmans, P. Hoftijzer, E. van der Vlist and C. Vogelaar, *Stad van Boeken. Handschrift en druk in Leiden 1260 - 2000* (Leiden, 2008)

Brugman, J., "De Arabische Studiën in Nederland," in: N. van Dam et al., *Nederland en de Arabische Wereld van Middeleeuwen tot Twintigste Eeuw* (Lochem-Ghent), pp. 9 - 18

Brugmans, H. J., "Bodel Nijenhuis (Mr. Johannes Tiberius),"in: *Nieuw Nederlandsch Biografisch Woordenboek*, vol. Ⅳ(Leiden, 1918)

Brugmans, I.J., "N. W. Posthumus," *Economisch Historisch*

Jaarboek 28 (1961), pp. 281-287

Brusse, M. J., "Onder de menschen. De uitgeverij," (fasc. Ⅹ- Ⅻ:"N. V. Boekhandel en Drukkerij v. h. E. J. Brill"), *Nieuwe Rotterdamsche Courant*, January 5, 12 en 19, 1927

Castenmiller, M., J. M. van Ophuijsen and R. Smitskamp, *Luchtmans & Brill : driehonderd jaar uitgevers en drukkers in Leiden*, 1683 - 1983. Catalogus van de tentoonstelling gehouden van 1 september tot 1 oktober in het Gemeente-archief te Leiden (Leiden, 1983)

Clercq, P. R. de, *At the sign of the oriental lamp. The Musschenbroek workshop in Leiden*, 1660 - 1750 (Rotterdam, 1997)

Deahl, J. G., "1683 - E. J. Brill - 1983," in: *Short-title Catalogue E. J. Brill, 1683 - 1983* (Leiden, 1983)

Deahl, J. G., "E. J. Brill's role in Arabic and Islamic studies," *New Books Quarterly on Islam & the Muslim world*, vol. I, nos.4-5(London, 1981), pp. 11-13

Deahl, J. G., *Brill Leiden* (Leiden, 1991)

Delft, M. van, and C. de Wolf (eds.), *Bibliopolis. Geschiedenis van het gedrukte boek in Nederland* (Zwolle/The Hague, 2003)

Dillen, J. G. van, "Ter gedachtenis aan Nicolaas Wilhelmus Posthumus, een ondernemend historicus," *Tijdschrift voor Geschiedenis* 73 (1960), pp. 337-339

Dongelmans, B. P. M., P. G. Hoftijzer and O. S. Lankhorst, *Boekverkopers van Europa. Het zeventiende-eeuwse Nederlandse uitgevershuis Elzevier* (Zutphen, 2000)

Eeghen, I. H. van, "Het archief van de Leidse boekverkopers

Luchtmans," in: *De Amsterdamse Boekhandel 1680 – 1725*, vol. V.I (Amsterdam, 1978), pp. 131 – 177

Eeghen, I. H. van, "De uitgeverij Luchtmans en enkele andere uitgeverijen uit de 18de eeuw," *Documentatieblad Werkgroep 18de Eeuw* (1977), pp. 5 – 8

Folkers, Th., "De geschiedenis van de Oostersche boekdrukkerij te Leiden," *Cultureel Indië* (vol. 3, 1941), pp. 53 – 68; also published in: *Cultureel Indië. Bloemlezing uit de eerste zes jaargangen 1939 – 1945* (Leiden, 1948), pp. 280 – 295

Goeje, M. J. de, "Levensbericht van F. de Stoppelaar," *Levensberichten der afgestorvene medeleden van de Maatschappij der Nederlandsche Letterkunde, 1905 – 1906* (Leiden, 1906), pp. 187 – 194

Goinga, H. van, *"Alom te bekomen." Veranderingen in de boekdistributie in de Republiek 1720 – 1800* (Amsterdam, 1999)

Hoftijzer, P. G., *Pieter van der Aa (1659 – 1733). Leids drukker en boekverkoper* (Hilversum, 1999)

Hoftijzer, P. G., and J. van Waterschoot (eds.), *Johannes Luchtmans. Reis naar Engeland in 1772* (Leiden, 1995)

Hoftijzer, P. G., and O. S. Lankhorst, *Drukkers, Boekverkopers en lezers tijdens de Republiek. Een historiografische en bibliografische handleiding* (The Hague, 2000^2)

Jansma, T. S., "Nicolaas Wilhelmus Posthumus," *Jaarboek van de Maatschappij van Nederlandse Letterkunde* (1961), pp. 126 – 133

Kerling, J. B. J., "C. Peltenburg Pzn., 1852 – 1934," *Leidsch jaarboekje 1935* (Leiden, 1935)

Krom, N. J., "Levensbericht van C. M. Pleyte Wzn.," *Jaarboek van de Maatschappij der Nederlandsche Letterkunde* (1919), pp. 5-25

Kruseman, A. C., *Bouwstoffen voor een geschiedenis van den Nederlandsche boekhandel, gedurende de halve eeuw 1830-1880* (2 vols.; Amsterdam, 1886-1887)

Kruseman, A. C., *Aantekeningen betreffende den boekhandel van Noord-Nederland, in de 17^e en 18^e eeuw* (Amsterdam, 1893)

Lebram, J. C. H. et al., *Tuta sub aegide Pallas. E. J. Brill and the world of learning* (Leiden, 1983)

Masurel, G. J. ""Door die zucht geleid, waarvan u't harte brandt." Johannes Tiberius Bodel Nijenhuis (*1797-1872*),"*De Boekenwereld*, vol 8 (1991-1992), pp. 70-74

Molhuysen, P. C. "De Academie-drukkers," *Pallas Leidensis MCMXXV* (Leiden, 1925), pp. 305-322

Muller, F., "Mr. J. T. Bodel Nijenhuis. E. J. Brill," *Algemeen Adresboek voor den Nederlandschen boekhandel* 19 (Amsterdam, 1873),pp. I-Ⅵ; also published in *Bijdragen tot de geschiedenis van den Nederlandschen Boekhandel*, vol. I (Amsterdam, 1884), pp. 174-182

Muller, F., "De feestgave der firma E. J. Brill, bij het derde jubileum der Leidsche Hoogeschool - Leiden, vóór 300 jaren en thans," *Nieuwsblad voor den Boekhandel* (1875), pp. 79-80

N. N., "N.V. Boekhandel en Drukkerij voorheen E. J. Brill, 1848-1923, en S. en J. Luchtmans, 1683-1923," *Nieuwsblad voor den Boekhandel* (1923), pp. 631-634

N. N., "Adriaan P. M. van Oordt," *Leidsch Jaarboekje 1905*

(Leiden, 1905), pp. 13 - 17

Ophuijsen, J. M. van, *E. J. Brill. Three centuries of scholarly publishing* (Leiden, 1994)

Otterspeer, W., *Groepsportret met dame*. Vol. II, *De vesting van de macht. De Leidse universiteit 1673 - 1775* (Amsterdam, 2001); vol. III, *De werken van de wetenschap. De Leidse universiteit 1776 - 1876* (Amsterdam, 2005)

Proosdij, B. A. van, *250 jaar Tuta sub aegide Pallas, adagium van Luchtmans en Brill* (Leiden, 1971); also published as article in *De Antiquaar*, vol. II, no. 4 (1971), pp. 81 - 92

Rieu, W. N. du, "Levensschets van Mr. Johannes Tiberius Bodel Nijenhuis," *Levensberichten der afgestorvene medeleden van de Maatschappij der Nederlandsche Letterkunde 1873* (Leiden, 1873), pp. 247 - 288

Smilde, A., "Lezers bij Luchtmans," *De Negentiende Eeuw*, vol. 14 (1990), pp. 147 - 158

Storms, M. et al., *De verzamelingen van Bodel Nijenhuis. Kaarten, portretten en boeken van een pionier in de historische cartografie* (Leiden, 2008)

Tersteeg, J., "Het 75-jarig bestaan van de N. V. Boekhandel en drukkerij v.h. E. J. Brill te Leiden, 1 juli 1848 - 1 juli 1923," *De uitgever*, vol. 6, no. 7 (Leiden, 1923), pp. 79 - 81

Vliet, R. van, "Nederlandse boekverkopers op de Buchmesse te Leipzig in de achttiende eeuw," *Jaarboek voor Nederlandse boekgeschiedenis* vol. 9 (2002), pp. 89 - 109

Vliet, R. van, *Elie Luzac (1721 - 1796). Boekverkoper van de Verlichting* (Nijmegen, 2005)

Vreede, A. C., "Frans de Stoppelaar," *Leidsch Jaarboekje 1907* (Leiden, 1907), pp. 1-8

Warendorf, S. jr., "Frans de Stoppelaar 1841-1906," *Adresboek van den Nederlandschen Boekhandel*, vol. 53 (Leiden, 1907), pp. 1-8

Waterschoot, J. van, "Samuel Luchtmans, een reislustig boekhandelaar,"*De Boekenwereld*, vol. 15 (1998-99), pp. 298-306

Wieder, F. C. sr., "C. Peltenburg Pzn.," *Handelingen en levensberichten van de Maatschappij der Nederlandsche Letterkunde,jaarboek 1934-1935* (Leiden, 1935), pp. 174-178

Wieder, F. C. sr., "C. Peltenburg Pzn.," *Tijdschrift Koninklijk Nederlandsch Aardrijkskundig Genootschap*, vol. 51 (Leiden, 1934),pp. 647-648

Wieder, F. C. jr., "*Tuta sub aegide Pallas* in former times," *Catalogue No 505. E.J. Brill Antiquarian Booksellers* (Leiden, 1979), pp. 1-2

Witkam, J. J., "Verzamelingen van Arabische handschriften en boeken in Nederland," in: N. van Dam et al., *Nederland en de Arabische Wereld van Middeleeuwen tot Twintigste Eeuw*(Lochem-Ghent), pp. 19-29

Witkam, J. J., "De sluiting van Het Oosters Antiquarium van Rijk Smitskamp," *De Boekenwereld*, vol. 23 (2006-2007), pp. 207-214

Wolters, W. P., "De firma F.J. Brill in hare nieuwe woning," *Eigen Haard* (1883), pp. 356-360

Wijnmalen, T. L. C., "Ter nagedachtenis van Mr. J. T. Bodel Nijenhuis," *De Nederlandsche Spectator* 18-1-1872

说明文字和注释中使用的缩写

BA	博睿档案
Brill Coll.	博睿收藏,莱顿
KVB	皇家书业协会
LA	卢奇曼斯档案
RAL	莱顿地方档案
SML	莱顿德莱肯哈尔市立博物馆
St.Mus. Leipzig	莱比锡城市历史博物馆
ULA	阿姆斯特丹大学图书馆
ULA/SC	阿姆斯特丹大学图书馆特藏部
ULL	莱顿大学图书馆

撰稿人简介

保罗·迪斯特尔伯格博士（Paul Dijstelberge，生于1956年）2007年获博士学位，其博士论文研究17世纪的装饰性印刷材料，这种材料可帮助识别匿名印刷品。阿姆斯特丹大学特藏部副部长、书籍研究与密码学系书史专业讲师。撰写了本书多幅插图的说明文字，这是他对博睿出版书目文献研究的成果。

米尔特·D.格罗斯坎普（Mirte D. Groskamp，生于1982年）毕业于莱因瓦特博物馆学院（Reinwardt Academy for Museology）。2006年以来，一直在阿姆斯特丹大学特藏部工作，负责博睿档案的盘存、安排和访问事宜。她从档案摘录的资料以及提供的稿件，对本书做出了重大贡献。

尼克·莱斯特拉（Nynke Leistra，生于1951年）将本书从荷兰文译为英文。加入荷兰短标题目录编目团队之前，她曾受雇于古书贸易行业。自由译者，偶尔给《低地国家的手稿和印刷书籍季刊》（*Quærendo, A Quarterly Journal from the Low Countries Devoted to Manuscripts and Printed Books*）翻译稿件。

卡斯帕·范奥门硕士（Kasper van Ommen，生于1964年）艺术史学家，莱顿大学图书馆斯卡利格研究所（Scaliger

Institute)协调员。经常发表有关书史和图书馆史的文章。在访谈博睿CEO赫尔曼·A. 帕布鲁威的基础上，他撰写了本书最后一章，并为一些插图撰写了说明文字。

赛兹·范德维恩博士（Sytze van der Veen，生于1952年）是一位历史学家、公关学者，本书撰稿人，并负责编辑定稿以及图片资料。2007年，出版约翰·威廉（1682—1737）传记，传主是荷兰冒险家、里珀达公爵，后出任西班牙首相，最后在摩洛哥当海盗死去。他目前正在撰写一本关于十九世纪初荷兰和拉丁美洲之间关系的书。

译后记

最早注意到博睿出版社还是在三十多年前,其时正值在南京大学历史系元史研究室学习期间,研究室有许多中外文献,其中就有多卷本《伊斯兰百科全书》。这个系列出版几十年,当年似乎尚未出齐。这套书是博睿的经典图书,封面上博睿的标识,让人印象深刻。

毕业后到出版社从事编辑工作,经常参加北京国际图书博览会(BIBF),从此开始关注国外出版社。博睿以出版东方学著作而闻名世界,作为一家历史悠久的学术出版社,博睿社看好中国市场,从未缺席过北京图书博览会。

上世纪90年代,有译者翻译了博睿的《简明伊斯兰百科全书》,我所在的编辑室准备重点推出该书。起初想请译者代为联系版权,但博睿却要求出版社直接与其洽谈。2000年秋,在第八届北京国际图书博览会上,我开始与博睿出版社的版权经理讨论授权事宜。遗憾的是,最后未能和博睿达成中文版出版协议。迄今都未见到这个系列在国内出版。

因为这些经历,就更加关注博睿出版社。2008年,读完《博睿出版史》后,被博睿三百多年的出版历史所吸引,就把全书译为中文。幸运的是,不久译稿就被南京大学出版社列入出版计划,并被南京大学出版研究院研究员、南京大学出版社学术出版分社社长杨金荣编审纳入其领衔主编的"海外学术出版史译丛"中。

1683年创建的博睿出版社迄今已有300多年的历史，是荷兰最古老的一家出版社，也是世界最古老的出版社之一，号称"用世界上所有的语言印刷和出版"图书。迄今，"出版图书累计已超过2万种"，尤其在历史研究、东方学、阿拉伯学、宗教史、考古学、语言学等出版领域，博睿以其高质量的学术出版物赢得了世界各国学者和同行的高度赞誉，在国际上享有极高的声誉。进入新时代，博睿与时俱进，持续扩大其影响力。截至2008年，每年出版约600种图书，100多种人文科学学术期刊。出版领域也在不断扩大，并将历史上出版的所有图书制作成数字图书。博睿出版社不但有悠久的历史，还积累了极为丰富的书业档案，这些档案史料长达45延米，是研究博睿、荷兰乃至整个西欧书业历史的重要史料。

　　放眼世界，其实最终关注的还是我们自己。我国有着悠久的出版历史，今天还是一个出版大国。如果单从每年出版图书的种数和印数来看，至少在十多年前就已遥遥领先各国，"出版大国"的称呼名副其实。我们还需要建设一个更繁荣的出版强国，博睿出版社三百多年的发展历史，也许可以给我们提供一个鲜活而生动的借鉴和参考案例。这是我翻译并向出版界同仁推介本书的用意。

　　《博睿出版史》由荷兰多位作者撰写，并从荷兰文译为英文。荷兰人使用多种文字，早期的博睿出版社以荷兰文、拉丁文等文字出版图书，并辅之以法文、德文。后来随着其国际声誉越来越高，以英文出版的图书才开始多了起来。因此，阅读本书，你会发现许多荷兰文或中古荷兰文、拉丁文或法文，甚至德文书名。令人不解的是，英文译者并未将这些书名全部译为英语，而保留了原来的文字。这给全书的翻译增加了难度。尽管多方请教，有些书名仍然难以译出。好在作者只是列举书名，并未讨论这些图书的内容。经与杨金荣编审商议，与其把大量时间花在个别书名的翻译上，还不如保留那些书名原文。另外，考虑到涉及多种文字,并非所有的书名都能准确译出。因此,我们的处理原则是:个别书名保留原文,所有译出的书名均括注原文。这么处理不会影响读者阅读,也能给有兴趣的读者提供查找原书的线索。

此外,该书涉及内容广泛,需要查阅许多资料,这也增加了翻译的难度。因作者使用荷兰文(包括中古荷兰文)、拉丁文、法文、德文等多种文字,一个书名中甚至还混用两种文字,有些书名或人名或许翻译不当,甚至还有错误,请读者谅解并批评指正,以便重印时改正。

我所在的西北政法大学新闻传播学院对本书的翻译出版提供了诸多支持,并赞助部分出版经费,在此特别致谢。

本书的翻译出版中,得到了许多热心人士的帮助,在此向他们表示感谢。南京大学信息管理学院博士生湛磊翻译了1958年以后(原书127页起)及附录部分(共3.6万字)。北京外国语大学欧洲语言文化学院荷兰语专业的张佳琛老师帮助翻译了部分荷兰语书名,我的同事、杨蔚林副教授帮助翻译了部分法语书名。现在荷兰莱顿大学从事学术研究的史约拿(Jonah Schulhofer-Wohl)博士不辞辛劳,翻译了近20种拉丁文、荷兰文书名,并详细解释了书名的含义。在此向他们一并致谢。

因该书图片版权及翻译事宜,交稿一再拖延,打乱了出版社的计划,但杨金荣编审都做了妥善处理和安排,使本书最终得以顺利出版。要感谢南京大学出版社的编辑邵逸审稿认真细致。向他们致谢。

王立平

2021年9月19日

本书译者简介

王立平,西北政法大学新闻传播学院编审。曾在出版社从事多年文史类图书的编辑工作,现主要从事出版实务和出版史研究,主持国家社科基金项目"西北地区公益性出版发展模式研究"和"牛津大学出版社学术出版模式研究"。

谌磊,南京大学信息管理学院博士研究生,研究方向为出版史、国外出版业。

《海外学术出版史译丛》第一辑

剑桥出版史
博睿出版史
施普林格出版史
文字的世界：耶鲁出版史